法律人核心素养丛书

困境资产
交易及运营管理
法律实务问答

杨 赟　张 涛 / 著

中国法治出版社
CHINA LEGAL PUBLISHING HOUSE

自　序

近年来，随着地产行业发展进入新阶段，有的效益欠佳的地产开发商出现“暴雷”，有的资产尤其是不动产（包括已建成的写字楼、商场以及在建工程）陷入困境，表现为经营下降、管理混乱，甚至烂尾，影响到各上下游产业及相关主体的利益，包括但不限于该等资产的所有权人即业主、为该等资产提供融资的债权人（尤其是金融机构债权人，如商业银行、信托公司等）以及承租商铺或写字楼的租户等。然而，前述资产中很多资产并非没有或缺乏价值，仅是由于经济周期、行业周期或其他特殊原因而暂时陷入困境，资产本身仍有其价值，故本书及实践中均称其为“困境资产”。本书的目的就是为相关领域从业者在困境资产交易、运营管理中所遇到的实际问题提供理论支持及实务指引。

本书聚焦在四个方面：一是财产保全相关问题，包括财产保全对于涉困境资产交易、运营管理的重要意义以及财产保全方式、财产保全期限等常见的财产保全问题。二是资产处置问题，重点解析困境资产处置的相关问题。三是困境资产尽职调查和交易关注要点，包括进行尽职调查和交易等有关事项。四是轻资产管理问题，集中剖析针对困境资产提供轻资产服务时可能遇到的种种难题。这些问题都是各相关主体面对困境资产所应具备的基础知识和基本能力。

本书有两大突出特点，同时也是笔者所尽力追求实现的目标。第一是紧贴实际，回应现实需求。对于困境资产，因其牵涉的问题多、情形复杂，各方面人士容易产生畏难情绪。具体而言，对于债权人，特殊情况下需要对困境资产采取财产保全措施，维护自身合法权益；若对困境资产进行执行，往往通过拍卖、变卖、以物抵债等方式。但目前金融机构在这些方面仍存在知识欠缺和人员储备不足等现实问题。对于交易相对方，不论是股权交易还是资产交易，都需要对困境资产进行尽职调查，识别其存在的风险点，并设置相应的交易条件和条款。对资产服务机构来说，无论是其直接受雇于困境资产的原业主，还是处置之后的新业主（主要是金融机构），结合困境资产的新特点，均需要为业主解决很多实际问题，资产服务机构迫切需要形成处理涉困境资产的新能力。为解决上述各主体在实操中的难点、痛点，本书对困境资产在交易和运营管理过程中的相关问题进行剖析，给予指导，达到拿来即用的目的。第二是形式新颖，满足客观需要。本书每个问题项下包括“法条链接”“参考案例”“理论分析”“实务建议”四大部分，为读者提供与该问题有关的法律法规及司法解释等，让书中每一个结论或建议都有法可依；提供相关司法案例，更能凸显对该问题在司法上的认定情况，实现有例可循；理论上也为读者剖析该问题的来龙去脉，让每一个问题的剖析都有理有据；同时，为读者提供切实可行的实务方面的建议，达到为读者解决实际问题的最终目的。

具体到教学领域，本书的第一作者作为高校教师，在日常教学和指导同学参加模拟法庭等比赛中，深切地感受到理论和实践两手抓、两手都要硬的必要性。在未来的教学中，也可以将相关问题引入课堂，让同学们身处学校也能感知到外部世界的经济脉动和法律温度，融会贯通，学以致用。如此，也能够对学生在日后实习和工作中有所助益，这也是笔者所衷心希望的。书中观点仅代表笔者个人观点，其中存在的错误或者纰漏之处，敬请各位读者批评指正。

2025 年 8 月

目　录

绪　言

第一部分　困境资产的财产保全相关问题

第四部分　困境资产的轻资产管理问题

绪　言

问题1 什么是困境资产？

论及“困境资产”，目前并没有明确的法律定义，甚至商业层面对于何为“困境资产”也有不同的理解。从字面意义上看，所谓“困境资产”可简单理解为处于困境状态的资产。这里的“资产”重点是指不动产，如商场、写字楼、综合体及在建工程等。造成该等资产处于困境状态的原因有很多，如某地产开发商“暴雷”导致其开发建设的在建工程烂尾且无法偿还银行或其他金融机构融资，项目业主经营不善、无法偿还银行贷款导致项目被查封进而被强制执行等，都将导致资产的开发建设、运营管理出现问题。一旦资产进入困境状态，对于开发类项目，开发建设进展可能遥遥无期，金融机构融资难以正常回款，同时影响购房人合法权益；对于运营类项目，项目正常运营将受到波及，物业管理可能出现问题，物业品质不免下降，由此引发恶性循环。

从上述描述看，困境资产接近于不良资产。但之所以本书称之为“困境资产”，在于这些资产并非本身没有或失去价值，而只是暂时性处于困境或危局。同时，事物都具有两面性，困境资产对于项目方或提供融资的金融机构是“危”，但对于从事相关业务的机构则是“机”。这种机遇体现在，第一，经济尤其是与地产有关的经济进入“存量经济”的状态，既往不断开足马力、大干快上制造增量的时代难以为继，如何让存量资产发光发热是各投资机构都重视的问题。第二，地产行业频频“暴雷”已经持续几年，尤其是一些规模巨大的地产开发商“暴雷”导致大量项目开发后继乏力，给金融机构带来极大的风险和隐患，客观上产生了对于困境资产进行针对性消化和处理的广泛需求。“一鲸落而万物生”，面对困境资产的大量出现和金融机构等的现实需求，不动产资产管理的专业机构正在利用其各自优势从不同角度和方向争取分享困境资产的大餐。具体而言，包括如下不同的角度和方向：

一是收购困境资产。收购困境资产的动机是困境资产的价值处于低位，只要困境资产的价格足够低，就会有机构在抄底动机的刺激下收购困境资产，并通过后续的开发、改造或运营管理等提升困境资产品质，进而瞄准时机通过出售资产或股权等方式实现退出，取得相应收益。

二是为困境资产提供代建、代管等轻资产服务。相较于收购需要利用大量资金撬动困境资产，提供代建、代管服务属于轻资产服务输出。这种轻资产服务的特点表现在人力资源密集型和管理服务专业化，简言之，能够做这种业务的机构必须具有大量开发建设方面的专业人员，同时这些人员最好分布在全国各个区域，以便能够最大限度便利地对接各地项目。目前，大量金融机构由于既往对地产项目的投资陷入困境，在保交楼、保交付的背景下，金融机构聘请专业机构为困境资产提供代建、代管服务已较为普遍。

三是为困境资产提供商业运营管理轻资产服务。商管类轻资产服务模式由来已久，输出的是专业的运营管理服务，面向的困境资产多为商场、写字楼等。同样的项目，不同的运营商可以带来不同的品牌和管理品质，这也是某些项目业主在项目无法取得良好经营业绩时转向寻求和商管机构合作的原因。如合作顺利，业主和商管机构能够在合作过程中双赢，但由于利益诉求不同，也往往容易产生纠纷。

无论上述哪一种角度和方向，对于从事这些业务的机构及其从业人员都具有较高的要求，因为事先需要发现和有效识别困境资产所潜在的风险，并在满足合法合规要求的基础上，确定风险应对方式及方法，在权衡利弊的情况下，作出最终的投资决策。这与通常的并购融资交易或管理服务输出的区别也主要体现在此处。机构及其从业人员需要像经验丰富的侦查人员一样，透过重重迷雾，利用发现的蛛丝马迹判断交易对手和困境资产的来龙去脉、存在问题；也需像纵横沙场的将领一般，针对交易进行合理化安排，有攻有防，即便遇到突然袭击，也能够运筹帷幄，有效应对。具体而言，机构及其从业人员应具备如下几个方面的能力：

第一是尽职调查的能力。尽职调查的目的在于通过法律、财务、税务、工程等方面中介机构的专业力量，对交易对手及困境资产进行有效的了解，掌握其基本情况，发现可能给交易及交易后带来影响的风险点。尽职调查要求机构及其从业人员具备全方面的知识储备，并辅以细心、耐心和良心。细心要求从业人员必须足够细致，钻研项目，信任、依靠但不能完全依赖中介机构，居中主持尽职调查，对接不同中介机构，既要积极配合中介机构，也要主动引导中介机构。耐心要求从业人员要“以终为始”，固然应当以促成交易为最终目标，但要认真做好前期工作，断不能为了交易而忽略必要交易动作或弃合法合规于不顾。良心要求从业人员过程中不能够有任何的私相授受之举，一切皆应以机构利益为重，确保每一个决策的依据都充分可靠。

第二是沟通谈判的能力。交易即买卖，买卖合同是最为常见的合同类型。我们每天都在经历各种各样、大大小小的买卖活动。对于困境资产的交易只是将买卖的标的物变更为了大宗资产尤其是不动产，将标的额变更为了数以千万计，甚至数以亿计，同时交易中会涉及较多的专业法律、财务、税务、工程等问题。如何能够化繁为简，知己知彼，对于最终的交易成功不可或缺。首先应了解己方底线，其次应了解对方诉求，在不突破己方底线又能够满足对方诉求的区间内，正是从业人员发挥能力的所在。正因为困境资产的问题多、风险大，往往需要从业人员花费更多的时间和精力与交易对手沟通周旋，交易最终能否成功的胜负手也往往就在不断地试探和反复中出现。

第三是必要的技能储备。在应对困境资产的过程中，从业人员尤其是业务端的人员固然有内部法律、财务团队的支撑，但是打铁仍需自身硬，业务端人员直接和交易对方人员近身肉搏，更需要增强自身的相关能力建设。具体而言，首先是必要的法律知识，如某困境资产现处于司法拍卖阶段，为跟进该项目，从业人员有必要了解与司法拍卖相关的知识，尤其是司法拍卖的流程问题，有助于合理预期项目未来进展及价格走势。其次是必要的财务和税务知识，如某困境资产处于烂尾状态，后续开发销售涉及的税务问题直接关系到项目的成本及盈利测算。

本书的鲜明特点即在于基于困境资产的特点，从问题出发，为广大从业人员在和困境资产打交道的过程中经常遇到的实务问题提供法律法规规定、司法判例、理论分析、实务指南等方面的指引。相信能够为相关领域同人们应对困境资产提供必要助力。

问题2 国外困境资产交易及运营管理方面有何镜鉴？

本节的内容某种程度上是本书的构思和写作的源头。随着国家在经济、文化、社会等各领域的巨大发展和进步，大家的生活和工作环境都得到了极大改善，我们穿得更好、更得体，吃得更健康、更多样，住得更宽敞、更舒适，行得也更便捷、更高效。对于个人资产配置而言，住占有更重要的位置，主要原因是房价高。虽然大家对高房价批评之声不断，但地产行业作为支柱产业，上下游产业链多如牛毛，各行各业都在地产行业快速发展过程中获得了实在的利益，也支撑了相关领域的高工资和高福利。近年来，由于多种原因叠加作用，经济发展出现波动，地产行业也可能出现“暴雷”，相应地出现了大量的困境资产。对此，我们既要有清醒的认识，也应有足够的自信，可以有效利用国外的类似经验更好地处理我们的问题。在困境资产方面，笔者也有同样的思考。

例如，日本房地产泡沫在20世纪90年代初破裂，由此造成的房价下跌直接影响和拖累了日本经济。尽管日本房地产泡沫破裂和我们目前遇到的情形并不相同，但我们也可以从中吸取一定的积极经验。比如，日本的三井、三菱、住友等房地产企业，虽经历不少的动荡，但如今仍然是日本有代表性的房地产企业，这些企业是如何摆脱困境、实现自救的呢？总结起来，主要的途径是抓住时机，实现多元化发展。地产行业在发展的黄金时期，因为其能够实现的带动效应，给整个链条的企业都带来了发展机遇。这个时期，企业集中在地产项目开发就能够实现自身的快速发展。但在地产行业受挫、房价不断下降的背景下，这些企业积极展开了自救，主要措施包括：

第一，出售项目，回笼资金，尽快偿还有息负债。这个举动容易理解，即便项目出售价格可能有所下降，但在长期低迷的情况下，回笼资金并减少有息负债能够有效地改善现金流。虽然在这一过程中，企业规模可能有所缩小，但能够经营下去、不破产的意义更大。

第二，抓住机遇，拓宽业务领域。房地产泡沫破裂后，日本适时推出了房地产投资信托基金（Real Estate Investment Trusts，简称REITs）。借此东风，这些房企可改变既往开发项目向单一个人出售房产的模式，转而向机构出售房产。在向机构出售房地产后，这些企业基于自身管理经验，还可以进一步为已出售房产提供管理服务。管理服务区别于出售，不是一次性的交易，而是服务提供方和服务需求方之间持续性的交易，这对于这些房企实现现金流的稳定增长具有重要意义。

第三，积极推动轻资产业务输出。重资产需要大量资金投入，而轻资产不仅不需要大量资金投入，反而在抗风险、持续稳定等方面有其特定的优势。因此，这些房企在输出物业管理服务、委托代建服务、资产管理服务等方面采取了积极的努力，这些业务的营收和利润也呈现明显的增长，占比也持续扩大。

以上是站在地产企业角度看这些企业如何实现自救。其实，其经验或者很多操作，国内企业已在推进，只是这个过程可能需要持续较长时间，无法立竿见影。概括而言，就是放弃幻想，不要妄想通过不断扩张规模实现扭亏为盈，而是立足求生，控制支出，减少负债，拓展业务领域，形成稳定持续现金流。

除以上地产企业外，其他上下游企业如何实现自救呢？这里尤其需要提及的就是我们本书的受众对象之一，包括商业银行和信托等金融机构。这些金融机构在“暴雷”后，也可能面临利润下降、融资无法收回的处境。由于金融机构的自救涉及较多银行业方面的制度和规定，在此我们不详细展开。但给我们的启示是，金融机构面对既往对外融资所产生的资产，应当有区别地进行分类，部分已失去挽救余地的应当及时果断处置，避免损失持续扩大；部分暂时性处于困境的资产，应当积极通过各种方式实现项目盘活，等待转机出现时适时剥离。

近年来，我们已注意到，国内较多金融机构面临地产行业不景气的影响和冲击，通过拍卖、变卖或以物抵债等方式取得的资产日益增多，尤其是不动产项目。随着这些困境资产的持续增加，这些金融机构有向某种程度的资产管理公司方向发展的可能性，如何在这一过程中实现对资产的管理，并避免和金融机构的主业的冲突，也考验着金融机构的决策和应对能力。

综上，我们仍然相信，尽管经济存在波动，地产行业存在不景气，但这一支柱性行业不会倒掉。与地产行业密切相关的金融机构在困境资产的运营管理和处置剥离方面也有现实需求。我们应当正视这些情况，从各角度探索符合我国现实情况的困境资产运营管理及交易、处置等问题的解决之道。

第一部分　困境资产的财产保全相关问题

本部分的内容集中在财产保全相关问题。财产保全主要规定于《民事诉讼法》及相关法律、司法解释中，其目的是避免因当事人一方的行为或其他原因使判决难以执行或者造成对方当事人其他损害，根据对方当事人申请或人民法院在必要时主动裁定对当事人财产进行保全、责令其作出一定行为或者禁止其作出一定行为。

问题3 财产保全对于困境资产有何重要性?

近年来，从理论及实务层面对财产保全的重视程度都显著增加，一方面地产行业下行等因素导致的履约纠纷多发，另一方面国家在规范执行方面也加大了力度。具体到困境资产，其牵涉的主体较多，如困境资产的业主、债权人、承租人、交易对方等，财产保全对于各主体的意义也不尽相同。

法条链接

《民事诉讼法》（2023 修正）

第一百零三条　人民法院对于可能因当事人一方的行为或者其他原因，使判决难以执行或者造成当事人其他损害的案件，根据对方当事人的申请，可以裁定对其财产进行保全、责令其作出一定行为或者禁止其作出一定行为；当事人没有提出申请的，人民法院在必要时也可以裁定采取保全措施。

人民法院采取保全措施，可以责令申请人提供担保，申请人不提供担保的，裁定驳回申请。

人民法院接受申请后，对情况紧急的，必须在四十八小时内作出裁定；裁定采取保全措施的，应当立即开始执行。

第一百零六条　财产保全采取查封、扣押、冻结或者法律规定的其他方法。人民法院保全财产后，应当立即通知被保全财产的人。

财产已被查封、冻结的，不得重复查封、冻结。

参考案例

某建设工程公司与某新能源公司仲裁程序中的财产保全案[①]

该案中，北京市第一中级人民法院认为，申请人某建设工程公司于2024年1月4日向北京仲裁委员会申请财产保全，请求查封、扣押或冻结被申请人某新能源公司价值690余万元的财产。担保人某财产保险公司提供保证担保。2024年1月8日，北京仲裁委员会将保全申请书等材料提交本院。故裁定，查封、扣押或冻结某新能源公司价值690余万元的财产。

该案例是一宗典型的仲裁程序中财产保全案例，申请人向仲裁委员会提出财产保全申请，仲裁委员会再将财产保全申请提交人民法院，由人民法院作出裁定。

理论分析

财产保全问题不仅在理论研究层面具有重要价值，在实际纠纷的处理

① 北京市第一中级人民法院（2024）京01财保70号民事裁定书。本书所收录的案例可在中国裁判文书网等网站通过案号等信息进行检索。以下不再标注。

过程中也发挥着重要作用。具体到困境资产，对于财产保全，我们从如下两个层面予以阐释。

第一个层面是财产保全涉及多种主体，掌握和运用财产保全对于其权益保护具有重要意义。

首先是困境资产的业主。一般而言，这里的业主是指困境资产的项目公司。由于目前的地产开发普遍采用项目公司制，故从广义而言，困境资产的业主也可以涵盖困境资产和项目公司的实际控制人。一旦项目公司或其实际控制人对外举债，不动产抵押担保是贷款机构的必然要求。若后续无力偿还，贷款机构提起诉讼或仲裁时，均将申请对困境资产的查封、对项目公司或实际控制人账户的冻结等财产保全措施。这些保全措施事关困境资产业主的实质性权益，无异于敲响了“警钟”，提示困境资产业主应尽快采取措施挽救困境资产，否则将不得不面临困境资产易主的局面。

其次是困境资产的债权人。这里的债权人主要是指以困境资产作为抵押物申请贷款的贷款机构。虽然贷款机构在审批贷款时会对困境资产设定抵押担保，抵押担保具有优先受偿权，但该优先受偿权仍无法优先于在先设定的抵押或查封等，故对于贷款机构而言，在提供贷款前需要对困境资产进行不动产查档，了解其是否有在先的抵押或查封等情形。此外，若贷款机构日后发起诉讼或仲裁，也可进一步通过申请财产保全措施，保障诉讼或仲裁胜诉结果的可执行性。

再次是交易对方。若困境资产的业主或实际控制人拟通过出售困境资产的方式摆脱困局，对于交易对方，了解困境资产所附抵押、查封等权利限制情况，将有助于其更好地设置交易预期、交易条件和交易步骤，避免因困境资产存在的权利限制而在交易中或交易后带来不利影响。

最后是困境资产的承租人。承租人通过承租困境资产或其特定面积而对困境资产或该等面积实施占有、使用和收益。为此，承租人有必要了解困境资产的具体情况，包括其是否存在财产保全措施，以维护自身的租赁权益。例如，若承租人在租赁前，困境资产已存在抵押或查封等，则承租人的租赁权就不能对抗抵押权人行使抵押权或查封的执行。

第二个层面是财产保全措施对于诉讼或仲裁结果的执行保障作用。以笔者的理解，纠纷不论诉诸诉讼或以仲裁方式解决，其目的均是在获得对己方有利判决或裁决后能够得以顺利实现。若对方当事人不予履行，则有必要诉诸执行。财产保全的目的就是预防这一情形而赋予当事人以有力武器。在很多诉讼和仲裁中，法律关系明确，事实也清晰明了，唯一的隐患就是被告或被申请人是否有财产可供执行，没有财产可供执行的话，即便胜诉也只是“水中月镜中花”。为此，诉前或诉中的财产保全对于维护当事人的合法权益具有重要意义。具体到困境资产，尤其是对于提供融资的贷款金融机构，胜诉概率通常较大，但究竟能否挽回损失，抵押担保的优先受偿权是武器之一，针对困境资产采取财产保全措施同样是其有力武器。

实务建议

推而广之，财产保全不仅对于困境资产具有重要意义，如上文所述，也已成为使胜诉最终落地的有效手段，甚至成为挽回损失的关键手段，应在任何纠纷解决前都提前作为论证分析的重要组成部分。

问题 4 财产保全的类型、具体措施及责任是什么？

提到财产保全，人们往往会有一些疑惑，财产保全分为几种类型，有哪些保全措施可供采取呢？本部分将进行相关介绍和分析。

法条链接

《民事诉讼法》（2023修正）

第一百零三条 人民法院对于可能因当事人一方的行为或者其他原因，使判决难以执行或者造成当事人其他损害的案件，根据对方当事人的申请，可以裁定对其财产进行保全、责令其作出一定行为或者禁止其作出一定行为；当事人没有提出申请的，人民法院在必要时也可以裁定采取保全措施。

人民法院采取保全措施，可以责令申请人提供担保，申请人不提供担保的，裁定驳回申请。

人民法院接受申请后，对情况紧急的，必须在四十八小时内作出裁定；裁定采取保全措施的，应当立即开始执行。

第一百零四条 利害关系人因情况紧急，不立即申请保全将会使其合法权益受到难以弥补的损害的，可以在提起诉讼或者申请仲裁前向被保全财产所在地、被申请人住所地或者对案件有管辖权的人民法院申请采取保全措施。申请人应当提供担保，不提供担保的，裁定驳回申请。

人民法院接受申请后，必须在四十八小时内作出裁定；裁定采取保全措施的，应当立即开始执行。

申请人在人民法院采取保全措施后三十日内不依法提起诉讼或者申请仲裁的，人民法院应当解除保全。

第一百零五条 保全限于请求的范围，或者与本案有关的财物。

第一百零六条 财产保全采取查封、扣押、冻结或者法律规定的其他方法。人民法院保全财产后，应当立即通知被保全财产的人。

财产已被查封、冻结的，不得重复查封、冻结。

第一百零八条 申请有错误的，申请人应当赔偿被申请人因保全所遭受的损失。

《最高人民法院关于适用〈中华人民共和国民事诉讼法〉的解释》（2022修正）

第一百六十三条 法律文书生效后，进入执行程序前，债权人因对方当事人转移财产等紧急情况，不申请保全将可能导致生效法律文书不能执行或者难以执行的，可以向执行法院申请采取保全措施。债权人在法律文书指定的履行期间届满后五日内不申请执行的，人民法院应当解除保全。

参考案例

叶某、王某财产保险合同纠纷民事二审案①

叶某是一审被告、二审上诉人，王某是一审原告、二审被上诉人。一审法院认为叶某在诉讼请求的主张、保全措施等方面存在的失当行为显示，其对王某因被保全所造成的损失至少具有重大过失，应认定其保全申请错误，对因此所造成的损失应当承担赔偿责任。故一审法院判决，叶某赔偿王某损失50余万元，驳回王某其他诉讼请求。

二审法院在二审中对财产保全的目的、申请财产保全的限制性规定及保全申请构成“申请有错误”的条件等进行了论述和分析。

第一，财产保全目的在于保障等待裁决的当事人在司法机关给出最终裁决时能够获得足够的救济。从保全制度的上述特征和保全与诉讼之间的关系看，因财产保全措施先于判决作出并执行，而判决结果具有不确定性，故财产保全措施必然在一定程度上对被申请人的财产权利产生不利影响，这是保全制度所派生的不确定风险。

第二，法律对于当事人行使申请保全的权利作出了限制性规定，对于违反法律规定给他人造成损害的应当依法承担赔偿责任。首先，法律对申

① 江苏省泰州市中级人民法院（2023）苏12民终4886号民事判决书。

请保全的范围进行了限制和约束，申请保全应该基于合理的诉讼请求提出，保全限于请求的范围，或者与本案有关的财物。其次，为防止申请财产保全诉讼权利的滥用，法律规定了申请保全错误的损害赔偿责任。申请人滥用该项权利给被申请人造成损害的，应当依法承担相应的法律责任。

第三，本案的裁判应当重点分析当事人的保全申请是否属于“申请有错误”情形。根据法律规定，“申请有错误”是确定申请人是否承担赔偿责任的前提。首先，关于本案财产保全“申请有错误”的认定原则。财产保全错误本质上是一种侵权行为，应当运用侵权责任的基本理论确定归责原则。其次，当事人申请保全时是否存在主观恶意和重大过失是评价申请是否错误的重点。因诉讼请求与裁判结果存在差距是诉讼的常态。申请人对于申请保全应该尽到合理的注意义务。人民法院应当以申请人作出裁判保全申请行为时的主观状态作为价值判断的时点，只有申请人的行为具有主观过错时，才能将责任归责于申请人。除非被申请人有证据证明申请人主观上有故意或重大过失，否则不宜轻易认定申请人能够显著判断和预测其保全申请和终局判决的不一致性。

具体到本案，在叶某以王某为被告提起的服务合同纠纷中，虽然法院先以叶某的诉讼请求在仲裁争议案中已以反请求的方式进行了申请，且仲裁庭已进行了裁决为由，作出民事裁定书，驳回叶某的起诉。但在叶某提起上诉后，二审法院以“北京仲裁委员会仲裁审理和裁决的只是居间合同纠纷，对2015年12月30日、2016年1月21日叶某支付的600万元、400万元亦未认定为居间费用，叶某依据企业管理咨询服务合同要求返还1000万元的诉讼请求，并未经仲裁审理及裁决”，认定叶某对该案享有诉权。叶某在二审法院认定其有诉权后，按照一般当事人的认知，有理由相信其在该案中有获得胜诉的可能性。叶某为维护其可能获得的合法权益，在案件实体审理过程中依法申请财产保全，并不违反法律规定。尽管该案人民法院最终未支持叶某的诉讼请求，但对当事人申请财产保全是否存在过错应根据其申请财产保全时的状态进行分析，申请人的诉讼请求最终是否得到法院支持并非申请财产保全行为是否错误的根本性判断标准。如果仅仅依照诉讼请求是否得到支持作为本案的判断标准，会增加当事人申请财产保全的风险，也会使得当事人因担心承担保全错误的赔偿责任，而放弃通过财产保全制度维护自己的合法权益，这就违背了财产保全制度设计的初衷。

最终，二审法院认为，根据一般侵权责任构成要件判断，不能认定叶某在申请财产保全的行为存在主观恶意或重大过失的明显错误，并判决撤销一审判决。

理论分析

所谓财产保全，根据《民事诉讼法》第一百零三条的规定，是指人民法院对于可能因当事人一方的行为或者其他原因，使判决难以执行或者造成当事人其他损害的案件，根据对方当事人的申请或人民法院在必要时主动裁定对其财产进行保全、责令其作出一定行为或禁止其作出一定行为。因此，财产保全主要是为了避免因诉讼过程较长，被诉一方当事人在这一过程中存在转移财产等影响后续判决执行的情形发生。财产保全既可以适用于诉讼，也可以适用于仲裁，故在此不针对诉讼和仲裁对财产保全进行区分，而是依据财产保全发生的时间点对财产保全进一步分为诉前财产保全、诉中财产保全和诉后财产保全。这里的“诉”包括诉讼和仲裁。

（一）诉前财产保全

所谓诉前财产保全，是指诉讼或仲裁前的财产保全。此时，诉讼或仲裁尚未提起，利害关系人因情况紧急，若不立即申请保全将会使其合法权益受到难以弥补的损害，可在提起诉讼或仲裁前向被保全财产所在地、被申请人住所地或对案件有管辖权的人民法院申请采取保全措施。基于此，诉前财产保全具有如下特点：

第一，在必要性上，情况具有紧急性，若不立即申请，利害关系人（一般是债权人）合法权益将受到难以弥补的损害。被申请人可能利用这段时间将财物转移，最终导致利害关系人即便胜诉也无法弥补其损失。

第二，在时间上，申请诉前财产保全时诉讼或仲裁尚未提起。

第三，在申请主体上，申请诉权财产保全的主体是利害关系人。因为此时尚未提起诉讼或仲裁，故利害关系人主要是指与被申请人存在争议的主体。

第四，诉前财产保全可以向被保全财产所在地、被申请人住所地或对案件有管辖权的人民法院等特定法院提起，主要原因在于这些法院对于后续的争议具有管辖权或者与被申请保全的财产具有密切联系，便于后续审理或执行财产保全。

第五，申请诉前财产保全必须提供担保，否则将被裁定驳回申请。

第六，诉前财产保全的申请人必须在人民法院采取保全措施后 30 日内正式提起诉讼或仲裁，否则就与申请财产保全的目的相悖，并可能给被申请人的合法权益造成损失，人民法院将解除保全。

（二）诉中财产保全

所谓诉中财产保全，是指诉讼或仲裁过程中的财产保全。对于诉中财产保全，其必要性在于，在诉讼或仲裁过程中可能由于一方当事人的行为或其他原因而使得判决难以执行或造成当事人其他损害，有必要由人民法院裁定对其财产进行保全。诉中财产保全也适用于诉讼和仲裁，并具备如下一些基本特征：

第一，在时间上，诉中财产保全发生时间点是在诉讼或仲裁过程中。

第二，在申请主体上，诉中财产保全可依申请人的申请，也可由人民法院依职权作出。

第三，诉中财产保全并不强制要求必须由申请人提供担保，但如果人民法院责令申请人提供担保而申请人不提供担保的，将被裁定驳回申请。

（三）诉后财产保全

所谓诉后财产保全，是指在诉讼或仲裁的法律文书生效后所采取的财产保全。诉讼中的判决或仲裁中的裁决已生效后，申请人为了保障该等生效文书能够执行，可以向人民法院申请财产保全，避免无可供执行的财产。因此，诉后财产保全也被称为“执前财产保全”。

诉后财产保全的特征可以归纳为如下几点：

第一，在时间上，诉后财产保全发生的时间节点是诉讼或仲裁的法律文书生效后，且在进入执行程序前这一阶段。

第二，在申请主体上，诉后财产保全由取得胜诉判决或裁决的一方提出申请。

第三，诉后财产保全中，债权人申请财产保全的，人民法院可不要求提供担保。

（四）诉前、诉中、诉后财产保全的异同

值得注意的是，尽管财产保全可以区分为诉前、诉中、诉后财产保全，但《民事诉讼法》《最高人民法院关于人民法院办理财产保全案件若干问题的规定》等规定实际上并未明确作出该等区分，主要还是根据实操不同而作的区分。三者之间存在诸多异同。

三者的相同点表现在如下两个方面：

第一，三者虽名为财产保全，但也包括了行为保全。除了可以针对被申请人的财产采取保全措施，还可以责令被申请人作出一定行为或者禁止其作出一定行为。

第二，三者之间存在转化关系。利害关系人申请诉前财产保全，在人民法院采取保全措施后30日内提起诉讼或者仲裁的，诉前财产保全措施自动转化为诉中财产保全措施；进入执行程序后，保全措施自动转化为执行中的查封、扣押、冻结等保全措施。

三者的区别表现在如下三个方面：

第一，三者发生的时间节点不同。诉前财产保全发生在诉讼或仲裁前，诉中财产保全发生在诉讼或仲裁过程中，而诉后财产保全发生在诉讼或仲裁的法律文书生效之后及进入执行程序前。

第二，三者对于担保的要求不同。诉前财产保全因发生在诉前，故为保障被申请人合法权益，必须提供担保；诉中财产保全对于保全没有必须的要求；诉后财产保全也不是必须提供担保。

第三，三者的启动主体不同。诉前财产保全依申请人申请启动；诉中财产保全可依申请人申请启动，也可由人民法院依职权启动；诉后财产保全依申请人申请启动。

（五）财产保全具体措施

根据《民事诉讼法》第一百零六条的规定，财产保全包括查封、扣押、冻结或法律规定的其他方法。

查封，是指人民法院将需要保全的财产清点后，加贴封条，就地封存；或者无法加贴封条的，张贴公告，任何单位或个人不得移动或处分。查封可针对动产或不动产。

扣押，是指人民法院将需要保全的财物置于特定场所加以扣留。人民法院可自行保管，也可委托第三方保管。

冻结，是指对被申请人的存款、资产、债权、股权等收益采取的保全措施。保全后相关存款、资产、债权或股权无法提取或转移。

法律规定的其他保全方法有变卖财物、保存价款等。

（六）申请财产保全存在错误时的赔偿责任

如前述参考案例所示，申请财产保全并非无限制，一旦申请财产保全存在错误，申请人应当承担赔偿责任。但对于申请财产保全是否存在错误，应当根据申请人在申请财产保全时的主观状态是否存在过错进行认定。只要申请人有正当的诉讼权利，基于维护自身合法权益的需要，便可申请财产保全，而不能简单地以裁判结果是否支持了申请人的诉讼请求判断其是否存在过错。

实务建议

申请财产保全是在诉讼或仲裁过程中当事人的权利。在特定情况下，利用财产保全能取得意想不到的效果。在财产保全的措施面前，某些债务人不得不施展浑身解数向债权人进行清偿。具体到困境资产，财产保全能够最大限度保障债权人权益，以便其能够更加从容应对融资可能无法收回的被动局面。

问题5 财产保全的担保方式有哪些?

为了督促财产保全的申请人运用财产保全维护自身的合法权益，对于诉前财产保全必须提供相应的担保，否则人民法院将驳回保全申请。

法条链接

《民事诉讼法》(2023 修正)

第一百零三条 人民法院对于可能因当事人一方的行为或者其他原因，使判决难以执行或者造成当事人其他损害的案件，根据对方当事人的申请，可以裁定对其财产进行保全、责令其作出一定行为或者禁止其作出一定行为；当事人没有提出申请的，人民法院在必要时也可以裁定采取保全措施。

人民法院采取保全措施，可以责令申请人提供担保，申请人不提供担保的，裁定驳回申请。

人民法院接受申请后，对情况紧急的，必须在四十八小时内作出裁定；裁定采取保全措施的，应当立即开始执行。

第一百零四条 利害关系人因情况紧急，不立即申请保全将会使其合法权益受到难以弥补的损害的，可以在提起诉讼或者申请仲裁前向被保全财产所在地、被申请人住所地或者对案件有管辖权的人民法院申请采取保全措施。申请人应当提供担保，不提供担保的，裁定驳回申请。

人民法院接受申请后，必须在四十八小时内作出裁定；裁定采取保全措施的，应当立即开始执行。

申请人在人民法院采取保全措施后三十日内不依法提起诉讼或者申请仲裁的，人民法院应当解除保全。

《最高人民法院关于适用〈中华人民共和国民事诉讼法〉的解释》(2022 修正)

第一百五十二条 人民法院依照民事诉讼法第一百零三条、第一百零四条规定，在采取诉前保全、诉讼保全措施时，责令利害关系人或者当事人提供担保的，应当书面通知。

利害关系人申请诉前保全的，应当提供担保。申请诉前财产保全的，应当提供相当于请求保全数额的担保；情况特殊的，人民法院可以酌情处理。申请诉前行为保全的，担保的数额由人民法院根据案件的具体情况决定。

在诉讼中，人民法院依申请或者依职权采取保全措施的，应当根据案件的具体情况，决定当事人是否应当提供担保以及担保的数额。

第一百六十四条　对申请保全人或者他人提供的担保财产，人民法院应当依法办理查封、扣押、冻结等手续。

《最高人民法院关于人民法院办理财产保全案件若干问题的规定》(2020修正)

第五条　人民法院依照民事诉讼法第一百条①规定责令申请保全人提供财产保全担保的，担保数额不超过请求保全数额的百分之三十；申请保全的财产系争议标的的，担保数额不超过争议标的价值的百分之三十。

利害关系人申请诉前财产保全的，应当提供相当于请求保全数额的担保；情况特殊的，人民法院可以酌情处理。

财产保全期间，申请保全人提供的担保不足以赔偿可能给被保全人造成的损失的，人民法院可以责令其追加相应的担保；拒不追加的，可以裁定解除或者部分解除保全。

第六条　申请保全人或第三人为财产保全提供财产担保的，应当向人民法院出具担保书。担保书应当载明担保人、担保方式、担保范围、担保财产及其价值、担保责任承担等内容，并附相关证据材料。

第三人为财产保全提供保证担保的，应当向人民法院提交保证书。保证书应当载明保证人、保证方式、保证范围、保证责任承担等内容，并附相关证据

① 因《民事诉讼法》已修正，此处的第一百条对应《民事诉讼法》(2023修正)第一百零三条。

材料。

对财产保全担保，人民法院经审查，认为违反民法典、公司法等有关法律禁止性规定的，应当责令申请保全人在指定期限内提供其他担保；逾期未提供的，裁定驳回申请。

第七条 保险人以其与申请保全人签订财产保全责任险合同的方式为财产保全提供担保的，应当向人民法院出具担保书。

担保书应当载明，因申请财产保全错误，由保险人赔偿被保全人因保全所遭受的损失等内容，并附相关证据材料。

第八条 金融监管部门批准设立的金融机构以独立保函形式为财产保全提供担保的，人民法院应当依法准许。

参考案例

某建筑公司、某建设公司等建设工程施工合同纠纷民事一审案[①]

本案中，某建筑公司为原告，某建设公司、某投资公司为被告。某建筑公司诉某建设公司支付劳务分包费及预期利息，某投资公司对上述债务在欠付工程款范围内承担给付责任，某建筑公司支付律师费，两被告共同承担诉讼费、保全费、担保保函费等。

针对原告主张的律师费和担保保函费，法院认为，律师费除法律明确规定的情形外，有约定从约定，无约定或约定不明则应由当事人自行承担。至于保函费，并非由法院所收取，不属于《诉讼费用交纳办法》第六条第二项所规定的“应当向人民法院交纳的诉讼费用”的范围；根据《最高人民法院关于人民法院办理财产保全案件若干问题的规定》第六条、第七条、第八条之规定，当事人在诉讼中为申请财产保全提供担保财产，可以

---

① 广东省佛山市禅城区人民法院（2022）粤0604民初8911号民事判决书。

是自身或他人的财产、保险人出具的担保书、金融机构出具的保函等，故为开具保函而支付了保险费并非败诉方行为所导致的必然损失。因此，在当事人未明确约定的情况下，律师费和保函费应属于申请保全一方的诉讼成本，由其自行承担。

理论分析

财产保全和担保具有非常密切的关系。某种程度上，是否要求提供担保对财产保全的申请起到制衡的作用。对于诉前财产保全，申请人必须提供担保，否则财产保全这一手段就存在被滥用的可能，一旦因错误保全而给被申请人造成损失应当予以赔偿。对于诉中财产保全，鉴于已进入诉讼或仲裁程序，启动保全程序的可以是申请人，也可以是人民法院，这是因为人民法院此时已经初步了解案件情况，对于事实情况较为清晰的案件，申请人提供担保并非必须，但对于事实情况仍不甚明了的案件，人民法院为了保障被申请人合法权益，也可要求申请人提供担保，否则将驳回保全申请。对于诉后财产保全，鉴于已经有生效法律文书确定的履行义务，申请人此时提出保全申请已有充分理由，为保障生效法律文书有可供执行的财产，不要求申请人必须提供担保。

关于财产保全相关的担保问题，包括以下几个方面：

第一是担保金额问题。对于诉前财产保全，应当提供相当于请求保全数额的担保；对于确有特殊情况的，人民法院可以酌情处理。对于诉中财产保全，若人民法院要求提供担保，担保数额不超过请求保全数额的百分之三十；申请保全的财产系争议标的的，担保数额不超过争议标的价值的百分之三十。

第二是被申请人担保问题。对于财产纠纷案件，被保全人或第三方提供充分有效担保的，人民法院可以裁定解除保全。

第三是担保的具体方式。首先是财产担保。这里的财产包括申请人或第三人的现金、实物、财产性权利。申请保全人或第三人应向人民法院出具担保书，载明担保人、担保方式、担保范围、担保财产及其价值、担保责任承担等，并附相关证据材料。其次是第三人提供的保证担保。第三人应向人民法院提交保证书，载明保证人、保证方式、保证范围、保证责任承担等内容，并附相关证据材料。再次是保险人提供的担保。申请人与保险人签订财产保全责任险合同，申请人应当向人民法院出具担保书，载明因申请财产保全错误，由保险人赔偿被保全人所遭受的损失等内容，并附相关证据材料。最后是金融机构出具的独立保函。金融监管部门批准设立的金融机构以独立保函形式为财产保全提供担保的，人民法院应当依法准许。

实务建议

实践中，若确需申请采取财产保全措施，担保所需要的费用在决策上可能未必困难，因为相较于申请财产保全的迫切性，担保所需要承担的费用或成本更小。具体到困境资产，建议为困境资产提供融资的债权人在融资合同或相关担保合同中明确，违约方应承担守约方发生的合理费用，包括但不限于诉讼费、财产保全费、执行费、评估费、拍卖费、送达费、公告费及律师费等，以便在后续可能发生的争议解决过程中争取得到人民法院或仲裁机构对相关费用的支持。

问题6 财产保全的期限是多久？

财产保全措施的期限长短直接关乎财产保全措施在多长时间范围内有效。下面将就此进行介绍和分析。

法条链接

《最高人民法院关于适用〈中华人民共和国民事诉讼法〉的解释》(2022修正)

第四百八十五条　人民法院冻结被执行人的银行存款的期限不得超过一年，查封、扣押动产的期限不得超过两年，查封不动产、冻结其他财产权的期限不得超过三年。

申请执行人申请延长期限的，人民法院应当在查封、扣押、冻结期限届满前办理续行查封、扣押、冻结手续，续行期限不得超过前款规定的期限。

人民法院也可以依职权办理续行查封、扣押、冻结手续。

参考案例

刘某与王某房屋买卖合同纠纷一审案①

本案中，刘某是原告，王某是被告。刘某诉请判令确认原被告签订的《房屋买卖合同》及其补充协议有效。

从该案判决中可知，王某作为卖方拟将其房屋出售给买方刘某。在房屋交付刘某后，未办理产权证书。2022年2月15日，法院对案涉房屋张贴查封公告，后刘某提出执行异议，被法院裁定驳回异议请求。法院认为，从法院调取到的以王某为被执行人的执行卷宗情况来看，(2018)京0109执恢14号、(2018)京0109执1665号、(2018)京0109执1727号三案虽显示曾在2018年对案涉房屋进行了查封，但依照《最高人民法院关于适用〈中华人民共和国民事诉讼法〉的解释》第四百八十五条第一款的规定，

① 北京市门头沟区人民法院(2022)京0109民初1541号民事判决书。

人民法院查封不动产、冻结其他财产权的期限不得超过三年，故至本案法庭辩论终结前查封期限已届满。虽在2022年2月15日再次进行了查封，但查封已发生中断。本案中，双方当事人签订的房屋买卖合同系双方的真实意思表示，未违反法律、行政法规的强制性规定，且已得到履行，为鼓励交易、促进诚信履约，认定双方签订的房屋买卖合同有效。

理论分析

根据上述规定，不同类型的财产保全措施的有效期不同，同类型的财产保全措施区分动产和不动产的有效期也不同。具体而言，针对不动产的查封期限不得超过三年；针对动产的查封期限不超过两年；针对银行账户内存款的冻结期限不得超过一年；针对动产的扣押期限不超过两年；针对财产权（如股权）的冻结期限不超过三年。

当上述财产保全措施期限届满，财产保全措施即失效，故为保障其持续有效，应在期限届满前办理续行查封、冻结、扣押手续，但续行期限不得超过上述规定的期限。续行没有次数限制，但均需向人民法院提出申请，并由人民法院向采取财产保全措施的单位发出协助通知书。

实务建议

财产保全设置期限的目的是督促权利人行使权利。若涉及对困境资产的财产保全措施，主要是查封措施，当然也可能涉及对项目公司股权、账户等的冻结或其他资产的扣押，但都应及时进行财产保全措施的无缝续期，否则若有其他权利申请人在保全措施到期后立即申请查封，或者存在轮候查封等情形，就将造成难以挽回的损失。

问题7 轮候查封与轮候冻结有何区别？

在实务操作中，经常遇到轮候查封、冻结等保全方式。何为轮候？其与查封、冻结等有何不同？下面将就此进行相关分析。

法条链接

《最高人民法院关于人民法院执行工作若干问题的规定（试行）》（2020修正）

55. 多份生效法律文书确定金钱给付内容的多个债权人分别对同一被执行人申请执行，各债权人对执行标的物均无担保物权的，按照执行法院采取执行措施的先后顺序受偿。

多个债权人的债权种类不同的，基于所有权和担保物权而享有的债权，优先于金钱债权受偿。有多个担保物权的，按照各担保物权成立的先后顺序清偿。

一份生效法律文书确定金钱给付内容的多个债权人对同一被执行人申请执行，执行的财产不足清偿全部债务的，各债权人对执行标的物均无担保物权的，按照各债权比例受偿。

56. 对参与被执行人财产的具体分配，应当由首先查封、扣押或冻结的法院主持进行。

首先查封、扣押、冻结的法院所采取的执行措施如系为执行财产保全裁定，具体分配应当在该院案件审理终结后进行。

《最高人民法院关于人民法院民事执行中查封、扣押、冻结财产的规定》（2020修正）

第二十六条　对已被人民法院查封、扣押、冻结的财产，其他人民法院可以进行轮候查封、扣押、冻结。查封、扣押、冻结解除的，登记在先的轮候查封、扣押、冻结即自动生效。

其他人民法院对已登记的财产进行轮候查封、扣押、冻结的，应当通知有关登记机关协助进行轮候登记，实施查封、扣押、冻结的人民法院应当允许其他人民法院查阅有关文书和记录。

其他人民法院对没有登记的财产进行轮候查封、扣押、冻结的，应当制作笔录，并经实施查封、扣押、冻结的人民法院执行人员及被执行人签字，或者书面通知实施查封、扣押、冻结的人民法院。

《最高人民法院关于人民法院办理财产保全案件若干问题的规定》(2020修正)

第二十一条 保全法院在首先采取查封、扣押、冻结措施后超过一年未对被保全财产进行处分的，除被保全财产系争议标的外，在先轮候查封、扣押、冻结的执行法院可以商请保全法院将被保全财产移送执行。但司法解释另有特别规定的，适用其规定。

保全法院与在先轮候查封、扣押、冻结的执行法院就移送被保全财产发生争议的，可以逐级报请共同的上级法院指定该财产的执行法院。

共同的上级法院应当根据被保全财产的种类及所在地、各债权数额与被保全财产价值之间的关系等案件具体情况指定执行法院，并督促其在指定期限内处分被保全财产。

《最高人民法院关于正确处理轮候查封效力相关问题的通知》

一、轮候查封具有确保轮候查封债权人能够取得首封债权人从查封物变价款受偿后剩余部分的作用。首封法院对查封物处置变现后，首封债权人受偿后变价款有剩余的，该剩余价款属于轮候查封物的替代物，轮候查封的效力应当及于该替代物，即对于查封物变价款中多于首封债权人应得数额部分有正式查封的效力。轮候查封债权人对该剩余价款有权主张相应权利。

二、轮候查封对于首封处置法院有约束力。首封法院在所处置的查封物有轮候查封的情况下，对于查封物变价款清偿首封债权人后的剩余部分，不能径行返还被执行人，首封债权人和被执行人也无权自行或协商处理。首封法院有义务将相关处置情况告知变价款处置前已知的轮候查封法院，并将剩余变价款移交给轮候查封法院，由轮候查封法院依法处理；轮候查封法院案件尚在诉讼程序中的，应由首封处置法院予以留存，待审判确定后依法处理。

三、首封处置法院在明知拍卖标的物有轮候查封的情况下，违反上述义务，径行将剩余变价款退还被执行人的，构成执行错误。

《不动产登记暂行条例实施细则》（2024 修正）

第九十一条　两个以上人民法院查封同一不动产的，不动产登记机构应当为先送达协助执行通知书的人民法院办理查封登记，对后送达协助执行通知书的人民法院办理轮候查封登记。

轮候查封登记的顺序按照人民法院协助执行通知书送达不动产登记机构的时间先后进行排列。

参考案例

门某、张某等申请执行人执行异议案①

该案中，申诉人是门某，门某同时是一审被告、执行案外人，二审被上诉人，再审申请人；被申诉人是张某，张某同时是一审原告、申请执行人，二审上诉人，再审被申请人；孙某是二审被上诉人。

该案涉及的诉讼及执行程序较为复杂，概言之，其基本情况为：孙某与门某原系夫妻，于 2010 年 6 月 4 日登记离婚，离婚约定房屋归女方即门

① 黑龙江省高级人民法院（2020）黑民再 102 号民事裁定书。

某。2014年7月，孙某两次向张某借款，因孙某未能偿还借款，张某将其诉至一审法院。案件审理过程中，张某提出财产保全申请，法院亦裁定对孙某位于松北区的房产进行查封。2014年12月12日，法院判决孙某偿还张某借款及利息。判决生效后进入执行程序，门某向法院提出案外人执行异议，称对被查封房产拥有所有权，为此，法院裁定中止执行。经审理，法院认为，门某对案涉房产享有足以排除强制执行的民事权益，故对张某申请执行案涉房屋的诉讼请求不予支持。

张某不服，提起上诉，请求撤销一审判决，改判准许执行孙某名下房产。二审法院后作出二审判决，撤销一审判决，准许执行孙某房产。门某不服，向黑龙江省高级人民法院申请再审。黑龙江省高级人民法院指定哈尔滨市中级人民法院再审。此后，哈尔滨市中级人民法院作出再审判决，维持二审判决。门某仍不服，向检察机关申诉，黑龙江省人民检察院提出抗诉。

黑龙江省高级人民法院查明，在另案陈某与孙某民间借贷纠纷案中，一审法院曾查封了案涉房产。本案中针对案涉房产的查封为轮候查封。案涉房产已经在陈某与孙某民间借贷纠纷案中经司法拍卖，由案外人刘某竞得。

黑龙江省高级人民法院认为，轮候查封是对其他法院或其他案件中已查封的财产，执行法院依次按时间先后在登记机关进行登记或者在其他人民法院进行记载，排队等候。在先的查封依法解除后，其后的轮候查封自动转化为正式查封。而在先的查封并未解除的情形下，其后的轮候查封不能转为正式查封，不会产生强制执行的效力，亦不会损害案外人对查封标的物所享有的实体权利。在执行异议中，案外人异议的目的是阻却执行标的的转让和交付，故其应针对的是正式查封。而轮候查封产生的是一种预期效力，执行行为的效力还处于待定状态。本案中，案涉三套房屋系由案外人陈某申请并于2014年9月5日被法院查封。其后，张某申请，法院于2014年9月12日进行轮候查封。依前述，张某所申请的查封仅是一种待定的执行措施，自始并未实际发生查封效力，也不会影响到门某的实体权利。门某不能针对轮候查封提出执行异议，而应针对案外人陈某申请的首查封提出执行异议。在轮候查封不能提起执行异议的情形下，张某其后提出的执行异议之诉亦失去基础。一审法院受理门某的执行异议，违反《最高人民法院关于人民法院办理执行异议和复议案件若干问题的规定》第二条第一款关于“执行异议符合民事诉讼法第二百二十五条或者第二百二十七条规定条件的，人民法院应当在三日内立案，并在立案后三日内通知异议人和相关当事人。不符合受理条件的，裁定不予受理；立案后发现不符合受理条件的，裁定驳回申请”的规定。

最终，黑龙江省高级人民法院作出裁定，撤销此前的再审判决、二审判决、一审判决及执行裁定；驳回张某起诉；驳回门某的执行异议申请。

某银行、某城投公司等房屋买卖合同纠纷执行复议案①

该案同样是一个涉及主体、程序非常复杂的案件，事实和过程不再赘述。在此我们仅关注最高人民法院对于该案两个争议点的分析。

第一，关于章某就案涉房产变价款应受偿的金额如何确定问题。创设轮候查封制度，目的在于最大限度地保障在后主张权利债权人的权益，防止债务人利用法律漏洞转移财产，逃避执行责任；主要作用在于确保轮候查封债权人能够取得在先查封债权人从查封物中所得利益的剩余部分。对于多个债权人的普通债权，应根据查封、扣押、冻结财产的先后顺序清偿。在具体分配案款时，财产保全的顺位与保全的金额应结合起来一并考虑，二者不可分割。保全顺位决定了债权清偿的先后顺序，保全金额则决定了顺位在先的债权人在多大范围内受偿。如果抛弃保全金额，仅考虑保全顺位，顺位在后的轮候查封债权人的利益将无法得到保障，财产保全、轮候

① 最高人民法院（2022）最高法执复2号执行裁定书。

查封等制度将失去意义。本案中，章某对案涉房产系首封债权人，其与某城投公司对某实业公司的债权均为普通债权，章某对案涉房产的变价款应优先于城投公司受偿。故，章某优先受偿的数额应以浔阳区人民法院（2016）赣0403执480号之二执行裁定载明的1200万元为限。江西省高级人民法院认为章某应分配债权的金额为浔阳区人民法院（2015）浔民一初字第2390号民事判决确定的650万元本金及利息，系只考虑了查封顺位而未考虑查封金额，与法律规定不符，应予纠正。对于章某超出1200万元查封金额的债权，章某可以继续申请执行某实业公司及其他被执行人的财产。

第二，关于（2019）赣执56号案件应否继续执行的问题。某城投公司与某银行、某实业公司达成执行和解载明：章某、张某向江西省高级人民法院申请了参与分配，某城投公司承诺，待章某、张某与某实业公司、某银行诉争解决后，按最终生效法律文书的结果向章某、张某支付某实业公司对章某、张某的相应欠款。故，向章某支付优先受偿款，属于执行和解的内容之一。某城投公司虽然已经向江西省高级人民法院账户转入900万元，但章某优先受偿范围为1200万元，在某城投公司尚未履行完毕该义务之前，江西省高级人民法院裁定终结（2019）赣执56号案件的执行，亦有不当。

理论分析

《民事诉讼法》中并未规定轮候查封、轮候冻结。实践中，仅有查封、冻结，同时现行法律又不允许重复查封，带来了一系列问题，其中突出的就是被执行人的同一财产可能面临多个债权人申请的财产保全措施或执行保全措施，进而导致不同债权人、不同法院争抢查封、冻结被执行人的同一财产；同时，某一债权人在被执行人财产被执行获得清偿后，若有剩余，可能就返还给被执行人并迅速被转移，给被执行人的其他债权人带来利益损害。

对于轮候查封、轮候冻结，由于二者类似，故下文中仅以轮候查封作为介绍和分析对象。轮候查封是指在首先查封的法院裁定查封后，同一法院或者其他法院可以针对该同一财产再次裁定查封，但因为在不动产登记机构的登记时间之后而处于轮候查封状态，待排序在先的查封依法解除后，在先的轮候查封自动转化为正式查封的制度。轮候查封较好地解决了前述同一财产无法重复查封或者查封财产被执行后其他债权人权益保护等相关问题，但由于涉及不同的债权人、不同的法院，轮候查封的实操仍存在一些难点。

关于轮候查封的效力，可以从几个方面进行理解。第一是轮候查封是否有法律效力。对此有不同的观点，有的观点认为轮候查封在顺序上位于正式查封之后，只有正式查封解除后才有查封的法律效力，故轮候查封尚不是正式查封，不发生法律效力。相反，有的观点认为轮候查封本身有其法律效力，只不过与正式查封的表现形式不同。笔者倾向于后一种观点，轮候查封本身有其特有的法律效力，即一旦正式查封解除，排序在先的轮候查封即自动转化为正式查封，这种无缝衔接本身就具有巨大价值，避免了在此期间出现损害其他债权人利益之行为，这就是轮候查封的法律效力。这样也可解释一个问题，即轮候查封的期限，从规定上看目前没有对轮候查封期限的明确规定，但法院在作出查封裁定时，其并不知晓是正式查封还是轮候查封，如果存在在先查封，那么该查封就进入轮候状态，但由于其并不产生正式查封效果，其查封裁定所载明的查封期限并不真正执行，只有待正式查封解除后，该轮候查封自动转化为正式查封，其查封期限才正式起算。第二是轮候查封对查封物替代物的效力。例如，《最高人民法院关于正确处理轮候查封效力相关问题的通知》规定，轮候查封的效力及于查封财产的替代物，即对于查封物变价款中多于首封债权人应得数额部分有正式查封的效力。轮候查封债权人对该剩余价款有权主张相应权利。

第三是轮候查封对首封处置法院的效力。首封法院在所处置查封物有轮候查封的情况下，对查封物变价款清偿首封债权人后的剩余部分，不能径行返还被执行人，亦不能由首封债权人和被执行人自行处理或协商处理。首封法院有义务将相关处置情况告知变价款处置前已知的轮候查封法院，并将剩余变价款移交给轮候查封法院依法处理，或者在轮候查封法院案件尚在诉讼程序中时，由首封法院留存，待审判后依法处理。若首封法院在明知拍卖标的物有轮候查封时仍违反义务径行将剩余变价款退还被执行人的，构成执行错误。

查封和轮候查封由于涉及多个法院，不同法院也应遵循相应的规则，否则可能造成混乱并最终损害债权人的合法权益。其中，最主要的是首封法院和在先轮候法院之间的关系处理。原则上，在执行过程中，应当由首封法院负责处分查封财产。但若首封法院在采取查封措施后超过一年仍未对保全财产进行处分，除非保全财产系争议标的，在先轮候查封的执行法院可商请首封法院将保全财产移送执行。若二者对此发生争议，可逐级报请共同的上级法院指定该财产的执行法院。

实务建议

结合困境资产的特点，其可能牵涉多个债权人的利益，为此，建议债权人应尽力争取实现首先查封。如上所述，原则上，首封法院对执行财产有优先处置权，这对于申请执行人更为有利。

问题8 如何判断与应对超标的额查封、扣押、冻结财产？

实践中经常遇到超标的额查封、扣押、冻结财产的问题，并可能出现在财产保全阶段或执行阶段。所谓超标的额查封、扣押、冻结财产，是指查封、扣押、冻结的财产明显超过债权额。简言之，查封、扣押、冻结财产的目的是保全诉请的金额或者确保执行法院支持的金额，但能够满足该要求即可，不能滥用或者过度地查封、扣押、冻结，进而有损保全相对方或被执行人的合法权益。

例如，原告A向人民法院诉请被告B支付物业管理费人民币5000万元及对应的利息、诉讼费等，为此，原告A向人民法院申请了诉中保全，查封了被告B所持有的某处房产，该房产价值超过人民币5亿元，其中就可能涉嫌超标的额查封。因为若原告A胜诉，法院完全支持了其诉讼请求，那么被支持的金额及相关费用可能也仅有数千万元，与该房产价值的5亿元相差巨大，即便考虑房产被拍卖可能存在的打折问题，差距仍然很大，涉嫌超标的额查封。

法条链接

《最高人民法院关于人民法院民事执行中查封、扣押、冻结财产的规定》(2020修正)

第十九条 查封、扣押、冻结被执行人的财产，以其价额足以清偿法律文书确定的债权额及执行费用为限，不得明显超标的额查封、扣押、冻结。

发现超标的额查封、扣押、冻结的，人民法院应当根据被执行人的申请或者依职权，及时解除对超标的额部分财产的查封、扣押、冻结，但该财产为不可分物且被执行人无其他可供执行的财产或者其他财产不足以清偿债务的除外。

《最高人民法院关于人民法院办理财产保全案件若干问题的规定》(2020修正)

第十五条 人民法院应当依据财产保全裁定采取相应的查封、扣押、冻结措施。

可供保全的土地、房屋等不动产的整体价值明显高于保全裁定载明金额的，人民法院应当对该不动产的相应价值部分采取查封、扣押、冻结措施，但该不动产在使用上不可分或者分割会严重减损其价值的除外。

对银行账户内资金采取冻结措施的，人民法院应当明确具体的冻结数额。

参考案例

陈某、某房地产公司民间借贷纠纷执行审查案①

本案中，涉及的主体较多、程序也较复杂，我们重点关注认定是否存在明显超标的额查封、冻结问题。

首先，根据《最高人民法院关于人民法院民事执行中查封、扣押、冻结财产的规定》第二十一条第一款的规定②，查封、扣押、冻结被执行人的财产，以其价额足以清偿法律文书确定的债权额及执行费用为限，不得明显超标的额查封、扣押、冻结。关于查封标的物价值的判断，如果没有进行评估，可以参照相应的市场价格以及兼顾司法拍卖变现过程中的降价因素等综合认定；如果进行了评估，评估报告可以作为认定标的物价值的主要依据。本案双方当事人对云南省高级人民法院委托评估机构作出的评估报告的真实性、合法性无异议。被查封的标的物评估价值共计约 2.5 亿元，依据评估拍卖的相关规定，首次拍卖以评估价的 80%作为保留价，每次拍卖可再降低 20%，如果对查封标的物实行三次拍卖，变现价值可低至 1.6 亿元左右。而王某的债权本金 1 亿元及利息、迟延履行利息的总额，与查封的房地产、冻结的 100 万元股权价值基本相当，因此，本案不存在

① 最高人民法院（2015）执复字第 12 号执行裁定书。

② 由于《最高人民法院关于人民法院民事执行中查封、扣押、冻结财产的规定》已修正，现指《最高人民法院关于人民法院民事执行中查封、扣押、冻结财产的规定》（2020 修正）第十九条第一款。

明显超标的查封、冻结。对于陈某、某房地产公司认为对部分查封、冻结财产应予以解封的主张，本院不予支持。

杜某与某房地产公司等民间借贷纠纷案[①]

关于是否超标的额查封，北京市第一中级人民法院认为，本案中，杜某申请保全的限额为1.3亿余元。而双方提交的证据显示（中介机构出具的土地价值咨询报告，被查封宗地的总地价超过8亿元，净值也接近8亿元），与申请保险的限额相比，查封已明显超出标的额。综上所述，某房地产公司主张的明显超标的额查封的异议理由成立，执行实施部门应当采取措施消除明显超标的额查封的状态。

理论分析

由于查封、扣押、冻结均是保全措施，以下整体简称为“超标的额查封”。超标的额查封的问题较为复杂，涉及是否构成超标的额查封（超标的额查封的判断标准）、超标的额查封问题的解决等实务性较强的问题。

第一，如何判断是否存在超标的额查封?

顾名思义，所谓超标的额查封，是指实际查封的标的物的价值明显超过了诉请标的额或生效法律文书所确定的金额。其所带来的后果是限制了超标的额查封部分标的物的使用、处分，未实现“物尽其用”。

查封作为保全措施之一，其存在于诉讼保全阶段和执行保全阶段这两个不同的阶段。诉讼保全主要是为了防止一方当事人行为或其他原因导致判决不能执行或难以执行，在判决前，依法对诉讼标的物或其他有关财产采取的强制性措施。因此，在诉讼保全阶段，是否构成超标的额查封主要是看被查封标的物的价值是否明显超过诉请的标的额。而执行保全是指在

① 北京市第一中级人民法院（2020）京01执异85号执行裁定书。

执行过程中，为了防止被执行人转移、处分财产，而对被执行人采取的查封措施，以保障有可供执行的财产。因此执行保全阶段，是否构成超标的额查封主要是看被查封的标的物价值是否明显超过了已生效的法律文书所确定的金额。以上是判断超标的额查封的原则性标准，那么是否有其他更具体的判断标准呢？

首先，评估报告是评估中介机构针对查封标的物所进行的专业评估成果性文件，其能够体现评估所采用的方法及评估的结果，能够较为客观地呈现出查封标的物的价值，进而可以对该评估价值和诉讼标的额或法律文书确定的金额进行比较，以判断是否明显超标的额查封。关于评估报告还有三点需要明确之处。其一是评估的时点应以哪一个时点为准，具体是以查封的时点为准，还是以提出超标的额查封异议的时点为准。对此，实践中存在一定争议。笔者倾向于以查封的时点为评估基准时点，这有利于排除掉查封时点和提出异议申请时点之间的价格波动起伏因素影响。其二是评估结果不宜直接和诉讼标的额或生效文书确定金额进行比较，尤其是在执行阶段，一旦被执行人拒不履行，查封标的物将可能通过拍卖方式处置，而拍卖将面临根据评估价值打折作为起拍价的问题。以网络拍卖不动产为例，一拍的起拍价可以低至评估价的七折，二拍的起拍价可以是一拍起拍价的八折，如此计算，二拍的起拍价可能是评估价值的五六折。除此以外，还要考虑执行费用等因素，才能够有效判断是否存在超标的额查封。其三是对全部查封财产进行评估是确定查封财产价值、进而判断是否超标的额查封的重要方法，但也并非唯一方法。这是“某资产管理公司山西分公司、山西某房地产公司企业借贷纠纷执行审查案”执行裁定书中的观点。[①]太原市中级人民法院为确定查封的72套房屋是否存在超标的额查封的情

---

① 最高人民法院（2018）最高法执监486号执行裁定书。

形，于2017年3月8日召集山西某房地产公司副经理张某、某资产管理公司山西分公司代理人杨某进行了询问，双方达成一致意见，选择其中1601号房屋进行房地产市场价值评估，根据评估价格确定查封数量。该做法充分尊重了双方当事人的意见，没有违反法律和司法解释强制性规定。

其次，查封标的物上是否存在担保物权等优先权是重要考量因素。在“河南某置业公司、马某债权转让合同纠纷执行审查案”[①] 中，最高人民法院认为，是否属于明显超标的查封，须在明确案件执行标的额的基础上，通过对查封财产评估或参照市场价估价，并兼顾司法拍卖变现过程中的降价情况，以及被查封财产上是否存在担保物权及其他优先权等各种因素进行综合判断。该案中，其一，申请执行人马某虽然承诺按照法律规定的利息标准执行，但焦作市中级人民法院和河南省高级人民法院在异议及复议审查过程中均未重新计算或核实本案执行标的的具体数额，导致对焦作市中级人民法院是否超标的查封河南某置业公司的财产缺少最基本的比对标准，属于基本事实认定不清；其二，焦作市中级人民法院和河南省高级人民法院在异议及复议审查程序中，既未通过合适的方式计算或评估被查封财产的价值，也未对查封财产上所涉担保债权的数额逐项进行核对及核减，便径直认定本案不存在明显超标的查封的情形，亦构成认定基本事实不清。焦作市中级人民法院应在核实本案执行标的数额以及查封财产价值、担保债权数额等基础上，重新审查本案是否存在明显超标的查封的情形。从该案中可以看出，担保物权等优先权数额应当从查封标的物价值中核减，担保物权等优先权在查封标的物被处置后是优先受偿的，只有标的物剩余的价值才可能用来向申请执行人清偿。

① 最高人民法院（2018）最高法执监202号执行裁定书。

第二，如何应对超标的额查封、扣押、冻结？

依据《最高人民法院关于人民法院民事执行中查封、扣押、冻结财产的规定》第十九条第二款的规定，发现超标的额查封、扣押、冻结的，人民法院应当根据被执行人的申请或者依职权，及时解除对超标的额部分财产的查封、扣押、冻结，但该财产为不可分物且被执行人无其他可供执行的财产或者其他财产不足以清偿债务的除外。当存在超标的额查封时，申请人可以向人民法院提出申请解除对超标的额部分财产的查封，人民法院也可以依据职权主动解除超标的额部分财产的查封。

依据《民事诉讼法》第二百三十六条的规定，当事人、利害关系人认为执行行为违反法律规定的，可以向负责执行的人民法院提出书面异议。当事人、利害关系人提出书面异议的，人民法院应当自收到书面异议之日起十五日内审查，理由成立的，裁定撤销或者改正；理由不成立的，裁定驳回。当事人、利害关系人对裁定不服的，可以自裁定送达之日起十日内向上一级人民法院申请复议。在执行阶段，如发现存在超标的额查封情况，当事人或利害关系人可以提出执行异议。若执行异议未得到支持，还可通过申请复议作为救济方式。

第三，超标的额查封、冻结与轮候查封、冻结的关系。

轮候查封实际上与超标的额查封不存在直接关系，因为轮候查封并不产生查封的效果，故轮候查封标的物的价值不应计入已查封标的额。

实务建议

超标的额查封对于被查封资产的影响较大，尤其是对于困境资产，更是如此，将极大影响困境资产的使用和盘活。面对超标的额查封，可以提出异议，或者可以考虑通过置换被保全财产等方式将被查封标的物置换出来。鉴于目前司法上倡导“活封”，对于超标的额查封只要能够有充分证据证明，支持解除超标的额部分的查封概率较大，故，一旦面对超标的额查封，在心态上应当沉着冷静，勇于、敢于、善于维护自身的正当权益，将重心放在收集证据等工作上。

问题9 预查封和查封有何区别？

实践中，预查封并不常见，但作为权利人的合法保全手段，对于预查封的认识及其与查封之间存在的区别，确有必要了解和掌握。

法条链接

《最高人民法院、国土资源部、建设部关于依法规范人民法院执行和国土资源房地产管理部门协助执行若干问题的通知》

十四、被执行人部分缴纳土地使用权出让金但尚未办理土地使用权登记的，对可以分割的土地使用权，按已缴付的土地使用权出让金，由国土资源管理部门确认被执行人的土地使用权，人民法院可以对确认后的土地使用权裁定预查封。对不可以分割的土地使用权，可以全部进行预查封。

被执行人在规定的期限内仍未全部缴纳土地出让金的，在人民政府收回土地使用权的同时，应当将被执行人缴纳的按照有关规定应当退还的土地出让金交由人民法院处理，预查封自动解除。

十五、下列房屋虽未进行房屋所有权登记，人民法院也可以进行预查封：

（一）作为被执行人的房地产开发企业，已办理了商品房预售许可证且尚未出售的房屋；

（二）被执行人购买的已由房地产开发企业办理了房屋权属初始登记的房屋；

（三）被执行人购买的办理了商品房预售合同登记备案手续或者商品

房预告登记的房屋。

十六、国土资源、房地产管理部门应当依据人民法院的协助执行通知书和所附的裁定书办理预查封登记。土地、房屋权属在预查封期间登记在被执行人名下的，预查封登记自动转为查封登记，预查封转为正式查封后，查封期限从预查封之日起开始计算。

十七、预查封的期限为二年。期限届满可以续封一次，续封时应当重新制作预查封裁定书和协助执行通知书，预查封的续封期限为一年。确有特殊情况需要再续封的，应当经过所属高级人民法院批准，且每次再续封的期限不得超过一年。

十八、预查封的效力等同于正式查封。预查封期限届满之日，人民法院未办理预查封续封手续的，预查封的效力消灭。

参考案例

某公司、国某借款合同纠纷执行监督案①

该案中，最高人民法院认为，《最高人民法院关于人民法院民事执行中查封、扣押、冻结财产的规定》第二条第二款规定，未登记的建筑物和土地使用权，依据土地使用权的审批文件和其他相关证据确定权属。本案中，某公司系出让取得案涉土地使用权，并已缴纳全部国有土地使用权出让金，虽然尚未取得土地使用权登记证书，但2012年8月，某公司作为37411.1平方米土地使用权（包括案涉土地使用权）申报用地单位，填报了《建设用地审批表》和《国有土地使用权出让审批表》，白城市国土资源局、白城市人民政府在审批意见栏中加盖公章确认。据此，白城中级人民法院认定案涉土地使用权是某公司财产，在某公司作为被执行人未及时

① 最高人民法院（2021）最高法执监435号执行裁定书。

履行生效判决确定义务的情况下，依法处置案涉土地使用权，并无不当。某公司主张未登记的土地使用权不能执行，没有法律依据。

蔡某、黄某等案外人执行异议之诉民事申请再审案[①]

该案中，最高人民法院认为，蔡某、黄某、某公司在与欧某的民间借贷纠纷案件中申请诉前财产保全，后由一审法院对案涉房产作出预查封。根据《最高人民法院、国土资源部、建设部关于依法规范人民法院执行和国土资源房地产管理部门协助执行若干问题的通知》的规定，人民法院的预查封仅系执行部门在房屋未办理产权登记之前，根据网签备案情况所作。预查封的对象是被执行人基于一个有效的房屋买卖合同所享有的债权，即房屋交付请求权和所有权移转登记请求权，旨在使被执行人保有该债权，以便将来实现该债权，取得该房屋的所有权，从而预查封转化为正式查封，得以执行。但预查封不是正式查封，预查封的被执行人对未登记在其名下的房屋仅享有所有权期待利益，对能否成为真正的权利主体，尚处于不确定状态。在预查封阶段不能对案涉房产进行处置，只有完成过户登记，欧某取得案涉房屋的物权，预查封转为正式查封后，才能对案涉房屋进行拍卖、变卖和折价。

理论分析

（一）预查封

针对预查封，《民事诉讼法》并未进行明确的规定。上述《最高人民法院、国土资源部、建设部关于依法规范人民法院执行和国土资源房地产管理部门协助执行若干问题的通知》对于预查封进行了较为全面的规定。

① 最高人民法院（2022）最高法民申373号民事裁定书。

1. 预查封的适用情形

人民法院可针对土地使用权或房屋进行预查封。其中，人民法院对具备如下条件的土地使用权可以进行预查封：

（1）被执行人全部缴纳土地使用权出让金但尚未办理土地使用权登记；

（2）被执行人部分缴纳土地使用权出让金但尚未办理土地使用权登记的，对可分割的土地使用权，按已缴付的土地使用权出让金，由国土资产管理部门确认被执行人的土地使用权，人民法院可以对确认后的土地使用权裁定预查封；

（3）针对上述第（2）项的情形，对不可分割的土地使用权，人民法院可以裁定对全部进行预查封。

人民法院对具备如下条件的房屋可以进行预查封：

（1）作为被执行人的房地产开发企业，已办理了商品房预售许可证且尚未出售的房屋；

（2）被执行人购买的已由房地产开发企业办理了房屋权属初始登记的房屋；

（3）被执行人购买的办理了商品房预售合同登记备案手续或者商品房预告登记的房屋。

2. 预查封的特征

从前述关于预查封的规定可知，所谓预查封，是指针对虽然尚未被正式登记为土地使用权人或房屋所有权人的被执行人所采取的类似于查封的控制性措施，即被执行人应对土地使用权或房屋所有权等物权享有物权期待权。人民法院对此可以裁定预查封，不动产登记部门也应配合协助进行预查封登记。

预查封的特征包括：

（1）被执行人应对物权具有物权期待权。不论前述哪一种适用预查封的情形，被执行人均对土地使用权或房屋所有权具有期待权。比如，这种期待权体现为被执行人已部分缴纳土地使用权出让金但尚未办理土地使用权登记，在通常情况下，已部分缴纳土地使用权出让金的，办理土地使用权登记是顺理成章的，此时，即可进行预查封，并在土地使用权登记完成后变更为正式查封。

（2）对于预查封标的物，被执行人不享有物权。若被执行人享有土地使用权或房屋所有权，即可以正式查封，而非预查封。

（3）预查封限制案外人针对预查封标的进行处分。因预查封时，被执行人尚不享有物权，物权登记在案外人名下，只是此时被执行人对于物权具有期待权，所以，预查封可以扩张性地适用于案外人不得对预查封标的进行处分。

（二）预查封与查封的区别

预查封和查封之间的区别主要体现在如下几点。

第一，被执行人对标的物是否享有物权存在不同。对于预查封，被执行人只有物权期待权，标的物仍登记在案外人名下。最终标的物是否会被登记在被执行人名下存在不确定性，假如被执行人后续未能按约定缴纳剩余的土地使用权出让金，那么土地使用权就将被收回，无法再登记在被执行人名下。而对于查封，标的物已登记在被执行人名下，被执行人享有物权。

第二，二者限制主体不同。对于预查封，标的物登记在案外人名下，但被执行人享有物权期待权，预查封后，案外人不得再对标的物进行处分。而对于查封，查封标的物已登记在被执行人名下，查封后，被执行人不得再对标的物进行处分。

第三，二者能否进行强制执行有所不同。虽然预查封的效力等同于正式查封，但对于预查封，是否能够进行强制执行有不同的观点和司法判例。

支持预查封可强制执行的观点认为，预查封的效力等同于正式查封，在有充分证据证明预查封财产属于被执行人财产的情况下，可以进行强制执行。如上述第一个案例，支持了对依据土地使用权的审批文件和其他证据确定未经登记的建筑物和土地使用权可进行强制执行。支持预查封不得强制执行的观点则认为，虽然预查封效力等同于查封，但预查封毕竟并非查封，预查封财产未登记在被执行人名下，而是登记在案外人名下，若对预查封财产进行强制执行则可能侵害案外人权益。如上述第二个案例。不过尽管针对预查封是否能够进行强制执行存在上述貌似两种对立的观点，但实际上对于支持预查封可以强制执行的观点也并不否认，只有在有充分证据证明预查封财产属于被执行人时才能够适用强制执行，即针对预查封财产的强制执行是有条件的而非绝对的。这和反对预查封能够强制执行的观点并不矛盾。故，针对预查封是否可强制执行，仍要结合具体案情进行分析，重点是能否判定预查封财产的物权实际属于被执行人。

对于查封，根据《民事诉讼法》第二百五十四条的规定，财产被查封、扣押后，执行员应当责令被执行人在指定期间履行法律文书确定的义务。被执行人逾期不履行的，人民法院应当拍卖被查封、扣押的财产；不适于拍卖或者当事人双方同意不进行拍卖的，人民法院可以委托有关单位变卖或者自行变卖。故，查封可以强制执行。

第四，二者在时间上存在前后相继性。土地使用权、房屋等标的物权属在预查封期间登记在被执行人名下，预查封登记自动转为查封登记，预查封转为正式查封后，查封期限从预查封之日开始计算。

第五，二者的期限不同。对于预查封，其期限是二年。期限届满可以续封一次，续封时应当制作预查封裁定书和协助执行通知书，预查封的续封期限为一年。确有特殊情况需要再续封的，应当经过所属高级人民法院批准，且每次再续封的期限不得超过一年。对于查封，查封动产的期限不得超过两年，查封不动产的期限不得超过三年。申请执行人申请延长期限的，续行期限不得超过前述期限。

实务建议

实践中涉及预查封的情形并不多，对于困境资产也是如此。尽管预查封和查封存在上述不同，但有一点是共通的，即预查封和查封都是维护债权人利益的合法途径和武器。善于利用预查封这一武器，同样能够有效维护债权人的合法权益。

问题10 公证债权文书的强制执行公证有何条件与程序?

对于公证债权文书，在实践中是经常遇到的，尤其是在银行的贷款合同中，往往都会要求对贷款合同进行强制执行公证。银行贷款合同中往往有类似“公证与自愿接受强制执行”的条款，主要内容是，办理了强制执行公证的合同具有强制执行效力。借款人不履行或不适当履行债务，或出现法律法规规定、本合同约定的贷款人实现债权的情形时，借款人同意贷款人向公证机构申请出具具有强制执行效力的执行证书，借款人自愿接受贷款人持该执行证书向有管辖权的人民法院直接申请的强制执行措施，知悉相应法律后果，借款人承诺不提出任何异议或抗辩。

法条链接

《公证法》（2017 修正）

第三十七条 对经公证的以给付为内容并载明债务人愿意接受强制执行承诺的债权文书，债务人不履行或者履行不适当的，债权人可以依法向有管辖权的人民法院申请执行。

前款规定的债权文书确有错误的，人民法院裁定不予执行，并将裁定书送达双方当事人和公证机构。

《民事诉讼法》（2023 修正）

第二百四十九条 对公证机关依法赋予强制执行效力的债权文书，一方当事人不履行的，对方当事人可以向有管辖权的人民法院申请执行，受申请的人民法院应当执行。

公证债权文书确有错误的，人民法院裁定不予执行，并将裁定书送达双方当事人和公证机关。

《最高人民法院关于公证债权文书执行若干问题的规定》

（全文）

《最高人民法院、司法部关于公证机关赋予强制执行效力的债权文书执行有关问题的联合通知》

（全文）

参考案例

某投资公司、某银行分行等公证债权文书执行监督案①

本案中，申诉人、被执行人为某投资公司，申请执行人是某银行分行，被执行人是某酒店公司。

2021 年 5 月 28 日，某公证处作出《执行证书》载明，申请执行人：某银行分行；被申请执行人：某投资公司、某酒店公司、林某、冯某；执行标的等。该执行证书还载明，被申请执行人均在合同中作出了自愿接受依法强制执行的承诺。上述合同（协议）经本处公证并赋予了强制执行效力。公证书中，某投资公司作出愿意接受强制执行的意思表示。该执行证

① 最高人民法院（2022）最高法执监 192 号执行裁定书。

书发生法律效力后，成都市中级人民法院立案受理了某银行分行的强制执行申请。

基于以上认定事实，成都市中级人民法院认为，根据《最高人民法院关于公证债权文书执行若干问题的规定》第五条的规定，公证债权文书应当载明债务人接受强制执行的承诺。执行证书及公证书均载明债务人承诺自愿接受强制执行。因此，某投资公司认为上述公证债权文书因未载明债务人接受强制执行承诺的内容，人民法院不应受理的理由不能成立，该院对其异议请求不予支持。

某投资公司不服上述裁定，向四川省高级人民法院申请复议。四川省高级人民法院于2021年12月16日作出执行裁定，裁定驳回某投资公司的复议申请，维持成都市中级人民法院执行裁定。

某投资公司不服，继续向最高人民法院申诉。最高人民法院认为，某投资公司与某银行分行于2015年2月6日共同向某公证处申请对《借款合同》《抵押合同》进行公证并赋予该合同强制执行效力，公证处出具《具有强制执行效力的债权文书公证书》。公证员已就合同内容及双方提交的证据材料依法进行了审查，并告知了强制执行公证的有关法律规定、法律意义和可能产生的法律后果。《具有强制执行效力的债权文书公证书》载明：为保证债务的履行，某投资公司在《借款合同》《抵押合同》中作出了自愿接受强制执行的意思表示。同时，就某投资公司违约时公证处应某银行分行的申请出具《执行证书》前的核实内容、程序，某投资公司亦作出了明确、具体的承诺。综合考量，本案公证债权文书已载明债务人接受强制执行的承诺。依据上述规定，某银行分行向成都市中级人民法院申请执行前述赋予强制执行效力的公证债权文书，符合人民法院执行案件立案受理条件，不具有不予受理和驳回执行申请的情形，成都市中级人民法院立案受理，并无不当。某投资公司关于赋予强制执行效力的公证债权文书未载明债务人愿意接受强制执行的承诺，应裁定驳回执行申请的主张，缺乏事实和法律依据，不予支持。

理论分析

原则上，经公证的文书，仅作为认定事实的证据，并不必然赋予其强制执行的效力。但作为债权文书，通常而言其法律关系较为明确，有无违约的事实也较为清晰、易于判断，故对于经公证的以给付为内容并载明债务人愿意接受强制执行承诺的债权文书，法律赋予债权人在债务人不履行或履行不适当时可直接向有管辖权的人民法院申请执行，而无须经过诉讼审理或仲裁裁决的权利。

债权文书若要具有强制执行效力，应同时具备以下几个条件：

第一是经公证。此时的债权文书不仅可作为认定事实的证据，而且具备了强制执行的效力。

第二是债权文书应以给付为内容。对于并非以给付为内容的债权文书，不能直接具有可强制执行的效力。

第三是债务人愿意接受强制执行。这也是贷款合同中通常明确要求借款人承诺自愿接受强制执行的原因。此外，这也牵涉能否办理取得执行证书，因为债权人申请执行公证债权文书，除应当提交作为执行依据的公证债权文书等申请执行所需的材料外，还应当提交证明履行情况等内容的执行证书。

但是，即便债权文书同时满足上述几个条件，也并不表明该经公证的债权文书就具有了既判力，仍需要人民法院查明债权文书是否存在错误或其他不予执行的情形。经查确无不予执行情形的，裁定强制执行；否则，裁定不予执行，并将裁定书送达当事人和公证机构。具体而言，不予执行又区分为不同的情形。

程序上，具备如下情形之一的，被执行人可申请不予执行公证债权文书：（1）被执行人未到场且未委托代理人到场办理公证的；（2）无民事行为能力人或者限制民事行为能力人没有监护人代为办理公证的；（3）公证员为本人、近亲属办理公证，或者办理与本人、近亲属有利害关系的公证的；（4）公证员办理该项公证有贪污受贿、徇私舞弊行为，已经由生效刑事法律文书等确认的；（5）其他严重违反法定公证程序的情形。

实体上，具备如下情形之一的，债务人可在执行程序终结前，以债权人为被告，向执行法院提起诉讼，请求不予执行公证债权文书：（1）公证债权文书载明的民事权利义务关系与事实不符；（2）经公证的债权文书具有法律规定的无效、可撤销等情形；（3）公证债权文书载明的债权因清偿、提存、抵销、免除等原因全部或者部分消灭。

实务建议

如上述案例及分析，经公证的债权文书具有强制执行力。对此，若涉及诉讼的，主要是围绕债务人是否承诺自愿接受强制执行展开。具体到困境资产，对于向困境资产业主或实控人提供借款的债权人，尤其是金融机构，应当在各相关文件中，包括借款合同、抵押合同等合同中，明确约定债务人自愿接受强制执行的条款。这对于顺利取得执行证书及在可能存在的执行纠纷中取得人民法院的支持都至关重要。

问题11 仲裁的财产保全有何程序？

根据《民事诉讼法》的规定，财产保全既包括诉讼的财产保全，也包括仲裁的财产保全。采取具体保全措施的机构是人民法院的执行局，因此，诉讼的财产保全在人民法院系统内部，而仲裁由仲裁机构管辖，故仲裁的财产保全有所区别。

法条链接

《仲裁法》(2017 修正)

第二十八条 一方当事人因另一方当事人的行为或者其他原因，可能使裁决不能执行或者难以执行的，可以申请财产保全。

当事人申请财产保全的，仲裁委员会应当将当事人的申请依照民事诉讼法的有关规定提交人民法院。

申请有错误的，申请人应当赔偿被申请人因财产保全所遭受的损失。

《民事诉讼法》(2023 修正)

第一百零三条 人民法院对于可能因当事人一方的行为或者其他原因，使判决难以执行或者造成当事人其他损害的案件，根据对方当事人的申请，可以裁定对其财产进行保全、责令其作出一定行为或者禁止其作出一定行为；当事人没有提出申请的，人民法院在必要时也可以裁定采取保全措施。

人民法院采取保全措施，可以责令申请人提供担保，申请人不提供担保的，裁定驳回申请。

人民法院接受申请后，对情况紧急的，必须在四十八小时内作出裁定；裁定采取保全措施的，应当立即开始执行。

第一百零四条 利害关系人因情况紧急，不立即申请保全将会使其合法权益受到难以弥补的损害的，可以在提起诉讼或者申请仲裁前向被保全财产所在地、被申请人住所地或者对案件有管辖权的人民法院申请采取保全措施。申请人应当提供担保，不提供担保的，裁定驳回申请。

人民法院接受申请后，必须在四十八小时内作出裁定；裁定采取保全措施的，应当立即开始执行。

申请人在人民法院采取保全措施后三十日内不依法提起诉讼或者申请仲裁的，人民法院应当解除保全。

《最高人民法院关于人民法院办理财产保全案件若干问题的规定》(2020 修正)

第三条 仲裁过程中，当事人申请财产保全的，应当通过仲裁机构向人民法院提交申请书及仲裁案件受理通知书等相关材料。人民法院裁定采取保全措施或者裁定驳回申请的，应当将裁定书送达当事人，并通知仲裁机构。

第十七条 利害关系人申请诉前财产保全，在人民法院采取保全措施后三十日内依法提起诉讼或者申请仲裁的，诉前财产保全措施自动转为诉讼或仲裁中的保全措施；进入执行程序后，保全措施自动转为执行中的查封、扣押、冻结措施。

依前款规定，自动转为诉讼、仲裁中的保全措施或者执行中的查封、扣押、冻结措施的，期限连续计算，人民法院无需重新制作裁定书。

《最高人民法院关于人民法院执行工作若干问题的规定（试行）》(2020 修正)

9. 在国内仲裁过程中，当事人申请财产保全，经仲裁机构提交人民法院的，由被申请人住所地或被申请保全的财产所在地的基层人民法院裁定并执行；申请证据保全的，由证据所在地的基层人民法院裁定并执行。

参考案例

辽源某公司对通化县某铁矿与靖宇县某矿业公司买卖合同纠纷执行异议案[1]

本案中，辽源某公司为复议申请人、利害关系人，通化县某铁矿为申请执行人，靖宇县某矿业公司为被执行人。

白山市中级人民法院在执行申请执行人通化县某铁矿与被执行人靖宇

---

[1] 吉林省高级人民法院（2019）吉执复 59 号执行裁定书。

县某矿业公司买卖合同纠纷一案中，利害关系人辽源某公司向该院提出执行异议，请求该院解除对被执行人靖宇县某矿业公司所有的铁矿的采矿权及铁矿的机械设备的查封。法院经审查作出执行裁定书，驳回了辽源某公司的异议。辽源某公司不服，向吉林省高级人民法院申请复议。

吉林省高级人民法院认为，2016年3月18日，通化县某铁矿向通化仲裁委员会申请仲裁后，通化县某铁矿并未按照《仲裁法》第二十八条的规定，通过通化仲裁委员会向靖宇县人民法院提交财产保全申请，而是于2016年4月6日，向靖宇县人民法院提交财产保全申请，靖宇县人民法院于同年4月7日作出民事裁定，查封了被执行人靖宇县某矿业公司所有的财产。同时裁定注明："申请人应当在裁定书送达之日起三十日内向本院起诉，逾期不起诉的，本院将依法解除财产保全。"从靖宇县人民法院的民事裁定的保全性质看，应属于诉前保全裁定，通化县某铁矿并未在裁定限定的30日内提起民事诉讼。根据《民事诉讼法》第一百零一条[①]和《最高人民法院关于人民法院办理财产保全案件若干问题的规定》第二十三条关于诉前保全的规定，(2016)吉0622财保2号民事裁定所采取的查封措施，依法应予解除。然而，白山市中级人民法院于2018年4月3日，作出(2018)吉06执恢13号执行裁定，对(2016)吉0622财保2号民事裁定进行续查封。由于(2016)吉0622财保2号民事裁定书依法应予解除，故(2018)吉06执恢13号执行裁定亦不发生法律效力。综上所述，辽源某公司的复议主张具有事实和法律依据，应予支持。

理论分析

财产保全并非诉讼的"专利"，仲裁程序中同样可以适用财产保全，

① 由于《民事诉讼法》已修正，此处对应《民事诉讼法》(2023修正)第一百零四条。

只不过和诉讼的财产保全相比，因为仲裁机构本身并非法院系统，所以仲裁程序中的财产保全也必须通过人民法院执行局来实现。

仲裁同样可以分为诉前财产保全、诉中财产保全和诉后财产保全。这和诉讼程序中的财产保全基本一致，但仍有个别区别：

第一，仲裁程序中的诉中财产保全和诉后财产保全，应由当事人经仲裁机构提交人民法院，并非由当事人直接向人民法院提出申请。管辖法院是被申请人住所地或被申请保全的财产所在地的基层人民法院。《中国国际经济贸易仲裁委员会仲裁规则（2024 版）》第二十三条“保全及临时措施”规定，当事人申请保全措施的，仲裁委员会应当将当事人的保全措施申请转交当事人指明的有管辖权的法院。仲裁委员会可依据当事人的请求，将其提交的保全措施申请在仲裁通知发出前先行转交上述法院。

第二，针对仲裁程序中的诉前财产保全，由于此时尚未提请仲裁，故利害关系人可根据《民事诉讼法》第一百零四条的规定向被保全财产所在地、被申请人住所地或者对案件有管辖权的人民法院申请采取保全措施。但申请人在人民法院采取保全措施后三十日内不依法申请仲裁的，人民法院应当解除保全。《北京仲裁委员会仲裁规则（2022 版）》第十七条既规定了仲裁的诉中财产保全，也规定了仲裁的诉前财产保全，即因情况紧急，不立即申请保全将会使其合法权益受到难以弥补的损害或者证据可能灭失或以后难以取得的情况下，当事人可以在申请仲裁前提出上述申请。

实务建议

保全对于仲裁同样具有重要意义。实践中，多地已成立金融仲裁院，推进金融相关纠纷通过仲裁方式解决，发挥仲裁意思自治、程序灵活、一裁终局、保密性强等特点。这些金融纠纷包括存贷款纠纷，与困境资产直接相关。为此，建议在涉困境资产的金融纠纷中首先明确争议解决方式。若为仲裁，则应根据相应仲裁委员会的仲裁规则行使财产保全方面的权利，保障己方的合法权益。

问题12 进入破产程序后，债务人财产的保全措施应如何处理?

"执转破"一直是实践中的难点，直接牵涉债务人财产，尤其是对债务人财产的保全措施有直接影响。本节中，我们将讨论在债务人进入破产程序后，债务人财产上的保全措施应如何处理的问题。

法条链接

《企业破产法》

第十九条 人民法院受理破产申请后，有关债务人财产的保全措施应当解除，执行程序应当中止。

《最高人民法院关于适用〈中华人民共和国企业破产法〉若干问题的规定（二）》（2020修正）

第七条 对债务人财产已采取保全措施的相关单位，在知悉人民法院已裁定受理有关债务人的破产申请后，应当依照企业破产法第十九条的规定及时解除对债务人财产的保全措施。

《最高人民法院关于执行案件移送破产审查若干问题的指导意见》

16. 执行法院收到受移送法院受理裁定后，应当于七日内将已经扣划到账的银行存款、实际扣押的动产、有价证券等被执行人财产移交给受理破产案件的法院或管理人。

17. 执行法院收到受移送法院受理裁定时，已通过拍卖程序处置且成交裁定已送达买受人的拍卖财产，通过以物抵债偿还债务且抵债裁定已送达债权人的抵债财产，已完成转账、汇款、现金交付的执行款，因财产所有权已经发生变动，不属于被执行人的财产，不再移交。

《国务院关于开展营商环境创新试点工作的意见》附件1《首批营商环境创新试点改革事项清单》

第17项 建立破产案件财产处置协调机制，破产案件经试点城市人民法院裁定受理后，由破产管理人通知债权人及相关单位进行财产解封，破产管理人对已查封的财产进行处置时无须再办理解封手续。债务人在试点城市的不动产或动产等实物资产被相关单位查封后，查封单位未依法解封的，允许破产管理人对被查封的财产进行处置。处置后依据破产受理法院出具的文件办理解封和资产过户、移交手续，资产处置所得价款经与查封单位协调一致后，统一分配处置。

参考案例

某实业公司、孙某申请破产清算执行审查类执行案①

本案中，某实业公司为复议申请人、被执行人，孙某为复议申请人、被执行人，徐某为申请执行人。

最高人民法院认为，本案争议的主要问题是，在人民法院受理对被执行人的破产清算情况下，经拍卖已经取得但尚未发放给申请执行人的拍卖款项，是否属于被执行人的破产财产。对此，最高人民法院的观点如下：

《企业破产法》第十九条规定，人民法院受理破产申请后，有关债务人财产的保全措施应当解除，执行程序应当中止。根据该规定，如果执行程序尚未终结，对被执行人财产的保全措施应当解除，执行程序应当中止，尚未清偿的不得进行清偿。在被执行人的财产不能清偿全部债权的情况下，

① 最高人民法院（2019）最高法执复65、90号执行裁定书。

上述规定旨在通过破产程序实现债权的公平受偿。《最高人民法院关于执行案件移送破产审查若干问题的指导意见》进一步明确规定，执行法院收到受移送法院受理裁定后，应当于七日内将已经扣划到账的银行存款、实际扣押的动产、有价证券等被执行人财产移交给受理破产案件的法院或管理人。执行法院收到受移送法院受理裁定时，已通过拍卖程序处置且成交裁定已送达买受人的拍卖财产，通过以物抵债偿还债务且抵债裁定已送达债权人的抵债财产，已完成转账、汇款、现金交付的执行款，因财产所有权已经发生变动，不属于被执行人的财产，不再移交。从上述规定内容看，对已完成向申请执行人转账、汇款、现金交付的执行款，因财产权利归属已经发生变动，不属于被执行人的财产。已经扣划到执行法院账户的银行存款等执行款，但未完成向申请执行人转账、汇款、现金交付的，财产权利归属未发生变动，仍属于被执行人的财产，执行法院收到受移送法院受理裁定后，不应再支付给申请执行人，应当将其移交给受理破产案件的法院或管理人。申请执行人徐某认为该规定中的“已完成转账、汇款、现金交付的执行款”指的是买受人向执行法院“转账、汇款、现金交付”，缺乏依据，与规定精神不符。实践中，在个案处理上，本院（2017）最高法民他72号复函中也再次明确，人民法院裁定受理破产申请时已经扣划到执行法院账户但尚未支付给申请执行人的款项，仍属于债务人财产，人民法院裁定受理破产申请后，执行法院应当中止对该财产的执行。而对已经执行到法院账户的款项是拍卖所得款还是其他款项并无区分必要，申请执行人因评估拍卖所承担的成本可以通过其他途径解决。本案中徐某所垫付的公告费、评估费已予退还。因此，已经进入执行法院账户，尚未发放和分配给申请执行人的执行款项，仍应属于未执行完毕、可以用于清偿被执行人债务的被执行人的责任财产，受理破产申请后，应当中止执行并移交。

同时，《最高人民法院关于执行案件移送破产审查若干问题的指导意见》还规定，执行法院作出移送决定后，应当书面通知所有已知执行法院，执行法院均应中止对被执行人的执行程序。本案中，海南省高级人民法院经拍卖取得拍卖款项并进行分配的过程中，已经知晓相关债权人申请分配以及款项无法清偿全部债务的事实。正是鉴于该案尚有其他参与分配申请人及破产债权分配可能等实际情况，对于剩余的拍卖款项，未予发放，符合《最高人民法院关于适用〈中华人民共和国民事诉讼法〉的解释》及《最高人民法院关于执行案件移送破产审查若干问题的指导意见》关于通过破产程序对债权人进行公平清偿的规定精神。而海南省高级人民法院在异议裁定中，适用《最高人民法院关于执行款物管理工作的规定》第十条所规定的案款发放期限，以剩余款项发放条件的成就时间早于海南某实业公司破产被受理的时间，认为已经具备发放条件、非因申请执行人原因而没有被发放的执行案款，不应被认定为破产财产，缺乏法律依据。鉴于海口市中级人民法院裁定受理相关债权人对海南某实业公司的破产申请时，案涉拍卖款项尚未实际支付给申请执行人徐某，故应当按照相关规定精神，停止个别清偿，将执行款项移送给受理破产案件的法院或管理人。

理论分析

《企业破产法》第十九条规定的保全措施，既包括民事诉讼保全措施，也包括在行政处罚程序中的保全措施，如海关、工商管理部门等采取的财产扣押、查封等措施，还应包括刑事诉讼中公安部门、司法部门采取的相关保全措施。

对于进入破产程序的债务人，债权人最关心的就是如何能够实现自己的债权，或者多大程度上实现自己的债权。债务人能够进行清偿的财产分为以下几类：第一类是由债务人直接持有的财产，根据《企业破产法》的规定，这些财产应当由破产受理法院指定的破产管理人接管；第二类虽然也是由债务人直接持有的财产，但是其上已设定了抵押等优先权，对于这类财产，抵押权人等享有涤除权；第三类是已经被债权人申请了财产保全措施的财产；第四类是虽然债务人未直接持有，但在其他方控制下债务人享有所有权的财产。由于抵押权人等对第二类财产享有涤除权，抵押权人优先受偿，所以此类财产对于其他债权人的债权清偿没有影响，只有剩余三类财产存在影响，其中就包括被债权人申请了财产保全措施的财产。

针对这一类财产，通常的处理途径是，在破产管理人接管债务人资产的过程中，对债务人财产进行梳理，一旦发现存在被采取财产保全措施的财产，应立即向保全法院发函，要求根据《企业破产法》第十九条的规定解除保全措施。通常而言，保全法院会作出解除保全措施的裁定，进而向相关登记机关发出协助执行通知书。但有的保全法院在接到破产管理人函件后未予处理，这便可能给后续被采取了保全措施的财产处置带来不利影响。对此，目前尚没有统一的解决办法。

按照《国务院关于开展营商环境创新试点工作的意见》的要求，破产案件经试点城市人民法院裁定受理后，破产管理人通知债权人及相关单位进行财产解封，该等财产在处置时无须再办理解封手续，可直接进行处置。在处置后，依据破产受理法院出具的文件办理解封和资产过户、移交手续。

以上解决办法的适用目前还仅局限于特定城市。由于相关财产解除保全措施涉及破产受理法院和采取财产保全措施法院之间的关系协调问题，故除非有统一规定出台，否则就需要两个法院共同的上级法院进行协调。如果两个法院位于不同的城市甚至省份，那么协调之难度可想而知。

实务建议

在实务中，不同的当事方在面对解除进入破产程序债务人财产的保全措施的态度也有所不同，主要涉及三方。第一方主体是破产管理人。作为破产受理法院指定的负责债务人破产事宜的主体，其有权对债务人财产进行接管，梳理债务人到底有哪些可供清偿之用的资产，基于此，破产管理人应当主动向采取保全措施的法院发函要求解除，同时也应及时和破产受理法院沟通并取得破产受理法院在解除保全措施方面的帮助和支持。第二方主体是破产受理法院。作为破产案件受理法院，其有动机推进破产案件的顺利进行。对于规模不大的破产案件，破产受理法院往往就是采取保全措施的法院，此时破产受理法院内部各部门之间沟通协调即可解决。而对于规模较大的破产案件，如果破产受理法院和采取保全措施法院不同，就需要破产受理法院采取必要的沟通协调工作。第三方主体是采取保全措施法院。原则上，该法院应当按照《企业破产法》第十九条的规定解除保全措施，并不会导致其他问题，但也建议和保全申请人进行及时的沟通。

问题13 如何调查债务人财产？

通过诉讼或仲裁取得胜诉判决或裁决，并不意味着取得案件的最终胜利，还有待判决或裁决的执行。国内案件的执行以及涉外案件胜诉后在我国境内的执行，均有赖于是否有相应可供执行的财产。为此，民事诉讼中设置有财产保全制度，可以在诉前、诉中或执行前针对债务人财产向人民法院申请保全。往往存在的问题是，申请保全的财产在哪里。没有找到相应的财产，保全也是无源之水、无本之木。本节将讨论如何调查债务人的财产。

法条链接

《民事诉讼法》（2023 修正）

第二百五十二条　被执行人未按执行通知履行法律文书确定的义务，

应当报告当前以及收到执行通知之日前一年的财产情况。被执行人拒绝报告或者虚假报告的，人民法院可以根据情节轻重对被执行人或者其法定代理人、有关单位的主要负责人或者直接责任人员予以罚款、拘留。

第二百五十三条 被执行人未按执行通知履行法律文书确定的义务，人民法院有权向有关单位查询被执行人的存款、债券、股票、基金份额等财产情况。人民法院有权根据不同情形扣押、冻结、划拨、变价被执行人的财产。人民法院查询、扣押、冻结、划拨、变价的财产不得超出被执行人应当履行义务的范围。

人民法院决定扣押、冻结、划拨、变价财产，应当作出裁定，并发出协助执行通知书，有关单位必须办理。

第二百五十四条 被执行人未按执行通知履行法律文书确定的义务，人民法院有权扣留、提取被执行人应当履行义务部分的收入。但应当保留被执行人及其所扶养家属的生活必需费用。

人民法院扣留、提取收入时，应当作出裁定，并发出协助执行通知书，被执行人所在单位、银行、信用合作社和其他有储蓄业务的单位必须办理。

参考案例

某物流公司、某镁制品公司等案外人执行异议之诉民事二审案①

该案中，最高人民法院认为，案件的争议焦点是某镁制品公司对案涉股权是否享有足以排除强制执行的权利。某镁制品公司以其与马某之间构成股权代持为由主张排除某物流公司申请的执行。实际上，即使马某与某镁制品公司间系股权代持关系，某镁制品公司系案涉股权的实际出资人，某镁制品公司也不能阻却某物流公司申请的执行。理由是：一方面，从信

① 最高人民法院（2021）最高法民终397号民事判决书。

赖利益保护的角度看，某镁制品公司不能阻却执行。《公司法》第三十二条第三款规定公司股东未经登记或者变更登记的，不得对抗第三人。[①] 参照这一法理，股权登记在特定人名下，该股权就成为该特定人对外公示的责任财产的一部分，第三人基于对该人总体责任财产的信赖与该人发生交易，此时第三人对总体责任财产形成的信赖应予保护。在诉讼中第三人就股权申请执行，实际是其实现信赖利益的法律方式。本案中，即使马某是在某物流公司与某特钢公司发生交易后才向某物流公司提供担保，但因案涉股权一直登记在马某名下，所以某物流公司在接受担保时可以对马某名下包括案涉股权在内的所有责任财产产生信赖。经侯某申请法院虽于2016年1月冻结了案涉股权，但因本院1819号民事判决终审判令驳回侯某提出的某物流公司不得执行案涉股权的诉讼请求，所以某物流公司享有的上述信赖利益在诉讼执行中应予保护。某镁制品公司主张马某的事后担保只是加强保证而谈不上某物流公司享有信赖利益，难以成立，本院对其主张不予支持。另一方面，金融机构的出资人采取代持方式来持有股权，应当承担不利后果。马某、某镁制品公司出资时仍生效的《村镇银行管理暂行规定》[②] 第二十五条规定，单一非银行金融机构或单一非金融机构企业法人及其关联方持股比例不得超过村镇银行股本总额的10%。如果马某系代某镁制品公司持有案涉股权，那么某镁制品公司及其关联方马某的持股比例将达到19.8%，大幅超过10%的限额，这种代持显然违反上述暂行规定。某镁制品公司、马某间如果构成代持，这种代持关系不仅对正常金融监管中识别持股超限额的股东造成困扰，而且将导致单一出资人某镁制品公司对金融机构某村镇银行的过度控制，威胁某村镇银行稳健经营，增

---

① 由于《公司法》已修订，对应《公司法》（2023修订）第三十四条的规定，公司登记事项发生变更的，应当依法办理变更登记。公司登记事项未经登记或者未经变更登记，不得对抗善意相对人。

② 《村镇银行管理暂行规定》现已废止。

加了金融风险。此时，如果还承认和保护某镁制品公司通过代持创设的利益和权利格局，客观上会产生鼓励实际出资人逃避金融监管的后果。本案中即使构成代持，由某镁制品公司承担不能阻却执行的不利后果有利于与国家金融监管相向而行，形成合力，制止金融机构中的违法股权代持行为。

根据最高人民法院上述观点，债务人系代持第三人股权，并不能够排除债权人对债务人代持股权申请执行。

理论分析

调查债务人财产，某种程度上直接决定了诉讼或仲裁最终是否能够达到既定目的。某些债务人，可能见到法院的判决就坦然接受并履行；但也有一些债务人沦为“老赖”，即便有财产也恶意转移或隐匿，调查债务人财产主要针对的就是这个“老赖”群体。

首先，我们要明确债务人的财产包括哪些。债务人财产一定是能够通过处置可以变现的，否则即便查封也没有意义。一般而言，债务人财产包括如下几类：第一类，现金财产，包括债务人的收入、银行存款、现金；第二类，有价证券，包括债务人的理财产品等；第三类，不动产，包括债务人持有的土地使用权、不动产；第四类，动产，包括债务人的交通运输工具、机器设备、原材料等；第五类，财产性权利，包括债务人持有的债权、股权、基金份额等；第六类，知识产权，包括著作权、商标权、专利权等。对于这些债务财产类型，我们简要介绍一下基本的查询途径。未来也许会形成更多种类的查询方式，对此，也应与时俱进，不断丰富和完善调查债务人财产的方式和方法。

（一）现金财产

对于收入，可以通过法院与债务人所在单位联系并要求其提供。

对于银行存款，可以根据此前和债务人的款项往来发现其银行账户，包括其提供的发票、本票、汇票、支票等，都可能发现其银行账户线索。此外，债权人也可以向债务人内部的工作人员、债务人的合作方沟通，寻找债务人的银行账户线索，或向人民法院申请对为债务人提供过服务的中介机构进行查询。

对于现金，较容易隐藏，若真将大额现金存放于某处，调查的方式难以寻找，但可以结合银行账户中是否存在大额支取等进行判断。现金也可能存放于支付宝、微信等应用程序中，故也可以申请人民法院对债务人的支付宝和微信等现金余额进行查询。

（二）有价证券

对于有价证券，可申请人民法院对债务人持有的股票、基金、理财产品等进行查询。

（三）不动产

对于不动产，由于土地使用权和房屋等均需要登记，故首先是通过前往不动产登记中心等进行查询，包括查询权属及是否存在抵押、查封等权利限制。此外，若债务人存在纠纷，进而对其持有的土地使用权或房屋有过查封等保全措施，或者相关公开的法律文书中也可能涉及债务人持有土地使用权或房屋等信息。若债务人是非自然人，也可以通过其内部员工尝试了解相关信息。

（四）动产

对于交通运输工具，主要是指车辆。汽车不论自用或公司用，均有相应登记，可以在车管所查询。对于较为特殊的船舶或航空器，则需要前往相应的主管部门查询，如海事局或民航局等。

对于机器设备和原材料，可以由债权人自身或者申请人民法院去实地调查，也可以申请人民法院与为债务人提供过服务的中介机构进行沟通，查询债务人的财务报表、审计报告或尽职调查报告等。此外，若债务人为非自然人，也可以从其内部员工处了解相关情况。

（五）财产性权利

对于债务人持有的债权，可以通过中国裁判文书网、中国执行信息公开网等公开途径查询债务人是否涉及诉讼、执行案件。如涉及债务人作为债权人的诉讼或执行案件，可以作为到期债权，由债权人代为向第三人主张。此外，也可申请人民法院查询债务人的财务报表、审计报告等，了解其对外债权情况。

对于股权，可以从国家企业信用信息公示系统等进行查询。

对于基金份额，类似于股权，也可以从国家企业信用信息公示系统等进行查询。

（六）知识产权

对于著作权，可以在中国版权保护中心网站查询。

对于商标权，可以在国家知识产权局商标局网站查询。

对于专利权，可以在国家知识产权局网站的专利检索栏目查询。

市场化的企业信息查询网站上也有著作权、商标权、专利权等的情况梳理，可以作为参考。

实务建议

以上对债务人财产的调查方式做了基本的梳理。在实操中，对于债务人财产的深度发掘固然十分必要，但同时也不能忽略其他与债务人存在密切关系的主体。在法律允许的范围内，尽量扩大财产的范围，更有利于维护债权人的合法权益。

如何扩大可财产保全主体的范围？笔者以“连带”为关键词检索了《公司法》（2023 修订），检索结果中涉及“连带责任”且对回答这一问题有利的结果，对于有限责任公司而言，有如下几个：第一是《公司法》第二十三条，概言之，即纵向人格否定、横向人格否定及人格混同。第二是公司未成立的法律后果由设立时的股东承担连带责任。第三是有限责任公司设立时，股东未按照公司章程规定实际缴纳出资，或者实际出资的非货币财产的实际价额显著低于所认缴的出资额的，设立时的其他股东与该股东在出资不足的范围内承担连带责任。第四是股东在公司成立后抽逃出资，股东应当返还抽逃的出资；给公司造成损失的，负有责任的董事、监事、高级管理人员应当与该股东承担连带赔偿责任。第五是未按照公司章程规定的出资日期缴纳出资或者作为出资的非货币财产的实际价额显著低于所认缴的出资额的股东转让股权的，转让人与受让人在出资不足的范围内承担连带责任。第六是公司的控股股东、实际控制人指示董事、高级管理人员从事损害公司或者股东利益的行为的，与该董事、高级管理人员承担连带责任。第七是公司分立前的债务由分立后的公司承担连带责任。第八是公司通过简易程序注销公司登记，股东对公司存续期间未产生债务或已清偿全部债务等内容承诺不实的，应当对注销登记前的债务承担连带责任。

承担连带责任意味着如果其中某一方为债务人，可以通过将承担连带责任的其他各方一并列为被告，被告增多，可申请保全的财产范围也将相应增多。对此，在实操中应尽量根据掌握的事实开拓思路，争取更大的受偿机会。

第二部分 困境资产的资产处置问题

在实务操作中，当困境资产因行业周期波动、企业经营不善等多重因素陷入长期价值停滞甚至下跌状态时，附着了抵押担保关系、司法查封限制等权利负担的困境资产便会因债权人诉诸执行程序而不可避免地面临司法拍卖或变卖的结局。处置过程是法院、困境资产原持有人、众多竞拍者等多方主体参与和博弈的过程，不仅涉及物权变动、债权清偿顺序等深层次理论问题，更牵扯到一系列亟待厘清的实操难题，比如，如何确定处置权法院、处置财产优先受偿次序、拍卖和变卖的流程等实操问题。对这些理论内核与实操要点进行系统分析和深入研究，能够为法官、律师及困境资产相关从业人员提供解决困境资产问题的清晰的逻辑框架和具体的操作指引。

问题14 如何确定处置权法院和处置财产优先受偿次序?

本节涉及两个问题，二者相互联系。一个问题是确定处置权法院，即确定首封和优先债权的执行处置法院；另一个问题是确定处置财产后的优先受偿次序，即在债务人同时有多个债权人的情况下，处置财产该如何分配。对于这些问题，理论层面有其讨论价值，但更多仍体现在实操层面，目的就是解决“执行难”问题，毕竟胜诉仅是阶段性胜利，只有顺利执行才意味着案件的最终胜利。

法条链接

《最高人民法院关于适用〈中华人民共和国民事诉讼法〉的解释》(2022修正)

第五百零六条 被执行人为公民或者其他组织，在执行程序开始后，被执行人的其他已经取得执行依据的债权人发现被执行人的财产不能清偿所有债权的，可以向人民法院申请参与分配。

对人民法院查封、扣押、冻结的财产有优先权、担保物权的债权人，可以直接申请参与分配，主张优先受偿权。

第五百零八条 参与分配执行中，执行所得价款扣除执行费用，并清偿应当优先受偿的债权后，对于普通债权，原则上按照其占全部申请参与分配债权数额的比例受偿。清偿后的剩余债务，被执行人应当继续清偿。债权人发现被执行人有其他财产的，可以随时请求人民法院执行。

第五百零九条 多个债权人对执行财产申请参与分配的，执行法院应当制作财产分配方案，并送达各债权人和被执行人。债权人或者被执行人对分配方案有异议的，应当自收到分配方案之日起十五日内向执行法院提出书面异议。

第五百一十一条 在执行中，作为被执行人的企业法人符合企业破产法第二条第一款规定情形的，执行法院经申请执行人之一或者被执行人同意，应当裁定中止对该被执行人的执行，将执行案件相关材料移送被执行人住所地人民法院。

第五百一十三条 被执行人住所地人民法院裁定受理破产案件的，执行法院应当解除对被执行人财产的保全措施。被执行人住所地人民法院裁定宣告被执行人破产的，执行法院应当裁定终结对该被执行人的执行。

被执行人住所地人民法院不受理破产案件的，执行法院应当恢复执行。

第五百一十四条 当事人不同意移送破产或者被执行人住所地人民法院不受理破产案件的，执行法院就执行变价所得财产，在扣除执行费用及清偿优先受偿的债权后，对于普通债权，按照财产保全和执行中查封、扣押、冻结财产的先后顺序清偿。

《最高人民法院关于首先查封法院与优先债权执行法院处分查封财产有关问题的批复》

一、执行过程中，应当由首先查封、扣押、冻结（以下简称查封）法院负责处分查封财产。但已进入其他法院执行程序的债权对查封财产有顺位在先的担保物权、优先权（该债权以下简称优先债权），自首先查封之日起已超过60日，且首先查封法院就该查封财产尚未发布拍卖公告或者进入变卖程序的，优先债权执行法院可以要求将该查封财产移送执行。

二、优先债权执行法院要求首先查封法院将查封财产移送执行的，应当出具商请移送执行函，并附确认优先债权的生效法律文书及案件情况说明。

首先查封法院应当在收到优先债权执行法院商请移送执行函之日起15日内出具移送执行函，将查封财产移送优先债权执行法院执行，并告知当事人。

移送执行函应当载明将查封财产移送执行及首先查封债权的相关情况等内容。

三、财产移送执行后，优先债权执行法院在处分或继续查封该财产时，可以持首先查封法院移送执行函办理相关手续。

优先债权执行法院对移送的财产变价后，应当按照法律规定的清偿顺序分配，并将相关情况告知首先查封法院。

首先查封债权尚未经生效法律文书确认的，应当按照首先查封债权的清偿顺位，预留相应份额。

四、首先查封法院与优先债权执行法院就移送查封财产发生争议的，可以逐级报请双方共同的上级法院指定该财产的执行法院。

共同的上级法院根据首先查封债权所处的诉讼阶段、查封财产的种类及所在地、各债权数额与查封财产价值之间的关系等案件具体情况，认为由首先查封法院执行更为妥当的，也可以决定由首先查封法院继续执行，但应当督促其在指定期限内处分查封财产。

《最高人民法院关于人民法院执行工作若干问题的规定（试行）》（2020 修正）

55. 多份生效法律文书确定金钱给付内容的多个债权人分别对同一被执行人申请执行，各债权人对执行标的物均无担保物权的，按照执行法院采取执行措施的先后顺序受偿。

多个债权人的债权种类不同的，基于所有权和担保物权而享有的债权，优先于金钱债权受偿。有多个担保物权的，按照各担保物权成立的先后顺序清偿。

一份生效法律文书确定金钱给付内容的多个债权人对同一被执行人申请执行，执行的财产不足清偿全部债务的，各债权人对执行标的物均无担保物权的，按照各债权比例受偿。

56. 对参与被执行人财产的具体分配，应当由首先查封、扣押或冻结的法院主持进行。

首先查封、扣押、冻结的法院所采取的执行措施如系为执行财产保全裁定，具体分配应当在该院案件审理终结后进行。

参考案例

某银行分行、某资产管理公司分公司等借款合同纠纷执行复议案①

山西省高级人民法院在审理某资产管理公司分公司与某公司等借款合同纠纷一案中，于2015年3月12日依据该院作出的（2015）晋商初字第5号民事裁定书，向山西省工商局送达（2015）晋执保商字第5号协助执行通知书，要求协助冻结案涉股权。2017年3月9日，山西省高级人民法院向某商银行送达（2015）晋商初字第5-3号协助执行通知书，续行冻结案涉股权。2015年4月26日，山东省高级人民法院保全查封案涉股权，查封文书送达某商银行，后依法续封。某商银行向法院出具案涉股权质押、冻结情况说明，确认案涉股权于2014年8月25日质押给某飞行俱乐部，首封法院为山西省高级人民法院，二封法院为山东省高级人民法院。

在该案执行复议执行裁定书中，最高人民法院认为，案件争议焦点为，是山西省高级人民法院还是山东省高级人民法院对案涉股权作出了在先冻结。根据股权冻结规则，一家人民法院冻结被执行人对他人享有的股权时，在程序上需要向股权所在市场主体送达冻结裁定，并要求市场监督管理部门协助公示；而当存在多家法院冻结的情况下，则需要通过判断各家法院向市场监督管理部门送达协助公示通知书的先后顺序而确定冻结顺位。本案中，山西省高级人民法院没有查明山东省高级人民法院是否向山西省工商局送达过协助公示通知书，以及如果有，该送达时间与山西省高级人民法院的协助公示通知书送达时间孰先孰后的问题，而是直接将山西省高级人民法院的协助公示通知书的送达时间与山东省高级人民法院向某商银行

① 最高人民法院（2020）最高法执复139号执行裁定书。

送达查封文书的时间进行比较，进而认定山西省高级人民法院对案涉股权的冻结为在先冻结，混淆了比较的时点对象，导致基本事实认定不清，依法应发回山西省高级人民法院重新审查。同时，某银行分行另提出冻结数额争议问题，山西省高级人民法院对此亦应一并审查。另外，鉴于太原市中级人民法院是优先债权执行法院，而无论是山东省高级人民法院还是山西省高级人民法院，其对案涉股权采取查封措施均超过了60日且未采取发布拍卖公告或者变卖措施，故依照《最高人民法院关于首先查封法院与优先债权执行法院处分查封财产有关问题的批复》之规定，现由太原市中级人民法院对案涉股权予以执行，并无不当。

李某、刘某等借款合同纠纷执行复议案①

吉林省吉林市中级人民法院认为，《最高人民法院关于人民法院执行工作若干问题的规定（试行）》规定，多份生效法律文书确定金钱给付内容的多个债权人分别对同一被执行人申请执行，各债权人对执行标的物均无担保物权的，按照执行法院采取执行措施的先后顺序受偿。《最高人民法院关于人民法院民事执行中查封、扣押、冻结财产的规定》第一条第二款规定，采取查封、扣押、冻结措施需要有关单位或者个人协助的，人民法院应当制作协助执行通知书，连同裁定书副本一并送达协助执行人。查封、扣押、冻结裁定书和协助执行通知书送达时发生法律效力。依据上述规定，李某及史某、刘某均持有生效法律文书对同一被执行人申请执行，应当按照原审法院采取执行措施的先后顺序受偿。故应分别查清李某及史某、刘某两案向某银行送达冻结裁定书和协助执行通知书的时间，确定两案对刘某账号采取执行措施的顺序。故原审法院认定基本事实不清，应发回重新审查。

① 吉林省吉林市中级人民法院（2023）吉02执复46号执行裁定书。

理论分析

（一）关于处置权法院确定

关于处置法院，原则上是由首封法院进行处置，然后向申请执行人进行分配。但特殊情况是，同时存在首封法院和优先债权执行法院，在发生该等执行竞合时该如何处理？需要说明的是，所谓优先债权，是指包括但不限于抵押权、质押权、留置权、建设工程价款优先受偿权等法定优先权。

根据《最高人民法院关于首先查封法院与优先债权执行法院处分查封财产有关问题的批复》（以下简称《优先债权执行批复》），原则上，执行过程中由首先查封、扣押、冻结（以下统称“查封”）法院负责处分查封财产。但在存在前述执行法院竞合的情况下，满足一定条件时，优先债权执行法院可要求将查封资产移送执行。这些条件包括：

1. 存在对查封财产有顺位在先的担保物权、优先权。存在对查封财产有顺位在先的担保物权、优先权是优先于首封法院进行执行处置的先决条件，也是适用《优先债权执行批复》等的前提。

2. 对查封财产有顺位在先的担保物权、优先权纠纷已在首封法院以外的法院进入执行程序。换言之，若对查封财产有顺位在先的担保物权、优先权的债权尚在审理阶段，还未进入执行阶段，也不满足优先于首封法院进行处置的条件。

3. 首封之日已超过 60 日且首封法院就查封财产尚未发布拍卖公告或者进入变卖程序。这是时间上的要求。若首封法院在首封之日起已超过 60 日仍未对查封财产进行处置，或者首封法院未就查封财产发布拍卖公告或进入变卖程序的，即一定程度上意味着首封法院未采取执行措施并可能给优先权法院造成损失，也是优先权法院进行处置的条件之一。

在满足以上条件后，优先债权法院应向首封法院出具商请移送执行函，并附优先债权的生效法律文书及案件情况说明。首封法院在收到商请移送执行函之日起15日内出具移送执行函，将查封财产移送优先债权执行法院执行，并告知当事人。若首封法院和优先债权法院就移送查封财产发生争议的，可逐级报请双方共同的上级法院执行该财产的执行法院。上级法院所起的作用就是根据案件具体情况决定哪一法院执行更为妥当。若决定由首封法院继续执行的，应督促其在执行期间内处分查封财产。

（二）关于处置财产分配次序问题

根据《最高人民法院关于人民法院执行工作若干问题的规定（试行）》（2020修正）（以下简称《执行工作规定》），对被执行人财产的具体分配，由首封法院主持进行。但根据《优先债权执行批复》的规定，若优先债权法院进行执行处置的，则优先债权执行法院对移送的财产变价后，按法律规定的清偿顺序分配，并将相关情况告知首封法院。首封债权尚未经生效法律文书确认的，应按照首封债权的清偿顺位，预留相应份额。

《执行工作规定》区分了不同情形确定受偿的先后顺序。

第一种情形是执行的财产足以清偿全部债务，对于多份生效法律文书确定金钱给付内容的多个债权人分别对同一被执行人申请执行，且各债权人对执行标的物均无担保物权，此时各债权人的债权处于同一顺位，应按照执行法院采取执行措施的先后顺序受偿。在这种情形下，执行所得价款首先要扣除执行费用，各债权按执行法院采取执行措施的先后顺序受偿。

第二种情形虽然也是执行的财产足以清偿全部债务，但对于多个债权人的债权种类不同，基于所有权和担保物权而享有的债权，优先于金钱债权受偿。有多个担保物权的，按照各担保物权成立的先后顺序清偿。在这种情形下，执行所得价款首先要扣除执行费用。如存在优先受偿的债权的，再清偿优先受偿的债权；优先受偿的债权有多个的话，按担保物权成立先后的顺序清偿。最后剩下普通债权，按执行法院采取执行措施的先后顺序受偿。

第三种情形是执行的财产不足以清偿全部债务，执行费用仍应优先扣除，如存在优先债权，由优先债权次之受偿；最后是普通债权，按照各债权比例受偿。

以上仅是在对于存在多个债权人时执行财产受偿顺序的原则性分配。但现实中遇到的情况则更为复杂，尤其是结合困境资产，情况往往很棘手。比如，困境资产的业主或实际控制人往往处于资不抵债的边缘，若满足资不抵债及其他《企业破产法》规定的破产条件，且人民法院受理破产案件，根据《最高人民法院关于适用〈中华人民共和国民事诉讼法〉的解释》第五百一十一条的规定，执行法院经申请执行人之一或者被执行人同意，应当裁定中止对该被执行人的执行，将执行案件相关材料移送被执行人住所地人民法院。对此，《企业破产法》第十九条也有规定，且该条同时规定人民法院受理破产申请后，有关债务人财产的保全措施应当解除。也就是说，在“执转破”的情况下，债权人的受偿已经转换到破产的逻辑下，债权人需申报债权，经管理人审核债权，最终在人民法院裁定破产清算的情况下，对审核认可的债权按照《企业破产法》规定的顺位进行清偿。

实务建议

具体到困境资产，对其执行往往无法得到全额的清偿。即便对于优先债权，也未必得到全额清偿。为此，针对困境资产的执行，结合困境资产的特点，建议采取如下措施：

第一，争取首封。原则上，首封法院对执行财产有优先处置权，这对于申请执行人更为有利。

第二，积极推动审理和执行。如前所述，即便不是首封法院，特定条件下，优先债权法院也可申请首封法院移送执行。如果审理和执行的效率更高，对于债权人的债权得到清偿将有实质性的帮助。

第三，广泛了解困境资产所涉及的抵押、查封、轮候查封等情况。对于债权人而言，只能努力争取了解，即便是人民法院也未必对该情况完全掌握。若能够了解，势必对于债权人更好地维护自身权益大有裨益。

问题15 司法拍卖、变卖的基本流程是什么？

在困境资产处置过程中，司法拍卖、变卖是非常重要的途径。同时，由于司法拍卖、变卖牵涉各相关方利益，更凸显了其重要性和复杂性。本节中我们将重点分析司法拍卖、变卖的基本流程和相关实操经验。

由于涉及司法拍卖的规定较多，且规定内容主要是围绕流程展开，故在本部分只列明相关法规条文的名称，具体规定内容不再赘述，将在“理论分析”部分集中体现。

法条链接

《民法典》

《最高人民法院关于人民法院民事执行中拍卖、变卖财产的规定》(2020修正)

《最高人民法院关于人民法院网络司法拍卖若干问题的规定》

《最高人民法院关于人民法院委托评估、拍卖工作的若干规定》

《最高人民法院关于人民法院委托评估、拍卖和变卖工作的若干规定》

《最高人民法院关于认真做好网络司法拍卖与网络司法变卖衔接工作的通知》

参考案例

某地产公司、某经贸公司等借款合同纠纷执行复议案[①]

某信托公司与某地产公司等借款合同纠纷案，重庆市高级人民法院于2017年3月8日作出民事判决，判决某地产公司向某信托公司支付借款本金2.5亿余元及利息、复利；某信托公司对某地产公司提供抵押的房屋优先受偿；某信托公司对某公司提供质押的某地产公司99.2%股权优先受偿；另有相关主体对上述债务承担连带清偿责任。

2017年7月3日，重庆市高级人民法院立案执行。2019年1月22日，经重庆市高级人民法院委托评估，抵押房屋评估价约5亿元。2019年3月22日，重庆市高级人民法院发布网拍公告，以评估价的70%作为起拍价进行公开拍卖。因一拍流拍，重庆市高级人民法院以一拍保留价的80%进行第二次拍卖。第二次拍卖流拍后，重庆市高级人民法院于2019年11月6日作出执行裁定，将上述房产中的部分房屋以物抵债给重庆某经贸公司。

但某地产公司认为，《最高人民法院关于人民法院委托评估、拍卖和变卖工作的若干规定》第十三条规定，拍卖财产经过评估的，评估价即为第一次拍卖的保留价。第二次拍卖价格应为评估价的80%，二拍流拍后以物抵债价格为第二次流拍价格。重庆市高级人民法院曲解了《最高人民法院关于人民法院网络司法拍卖若干问题的规定》第十条规定，起拍价为评估价的70%。重庆市高级人民法院以物抵债的价格是在违法的起拍价基础上计算的，不仅给申请人造成巨大损失，也损害其他债权人的利益。

对此，最高人民法院认为，根据《最高人民法院关于人民法院网络司法拍卖若干问题的规定》第十条第二款规定，起拍价由人民法院参照评估

---

① 最高人民法院（2022）最高法执复68号执行裁定书。

价确定，起拍价不得低于评估价或者市价的70%；第三十八条规定，该规定自2017年1月1日起施行。施行前的司法解释和规范性文件与该规定不一致的，以该规定为准。本案中，重庆市高级人民法院于2019年对案涉资产进行网络司法拍卖，故应当适用《最高人民法院关于人民法院网络司法拍卖若干问题的规定》。《最高人民法院关于人民法院委托评估、拍卖和变卖工作的若干规定》与《最高人民法院关于人民法院网络司法拍卖若干问题的规定》不一致的，基于特殊法优于一般法原则，应当适用《最高人民法院关于人民法院网络司法拍卖若干问题的规定》。网络司法拍卖模式下，网络拍卖竞价在虚拟的网络平台上进行，拍卖人、竞买人之间相互不见面，竞买人在竞价结束前随时都可以参与拍卖，不存在现场拍卖中围标、串标和职业控场的可能。司法解释规定将第一次拍卖起拍价确定为不低于评估价或市场价的70%，且未区分动产或不动产，有利于简化程序、促成拍卖成交。故重庆市高级人民法院启动的网络司法拍卖程序，将案涉房产起拍价确定为评估价格的70%，符合上述司法解释规定，应予维持。重庆市高级人民法院基于案涉资产两次拍卖流拍，按照二拍流拍价格作出以物抵债裁定，并无不当。

理论分析

（一）司法拍卖基本流程

司法拍卖、变卖是在民事执行过程中，对被执行人的财产进行查封、扣押和冻结后，所采取的将被执行人财产变现完成执行程序的行为。因此，司法拍卖的特征可以概括为：程序上，司法拍卖、变卖发生在执行程序中；目的上，司法拍卖、变卖的目的是将已被采取查封、扣押、冻结等保全措施的被执行人财产变现，并补偿给申请执行人。

结合上述涉及司法拍卖、变卖的相关规定，司法拍卖、变卖的基本流程如下：

第一，选择对查封、扣押、冻结财产的变价处理方式。人民法院对查封、扣押、冻结的财产进行变价处理时，应当首先采取拍卖的方式，但法律、司法解释另有规定的除外。同时，根据《最高人民法院关于人民法院网络司法拍卖若干问题的规定》，人民法院以拍卖方式处置财产的，应当采取网络司法拍卖方式，但法律、行政法规和司法解释规定必须通过其他途径处置，或者不宜采用网络拍卖方式处置的除外。可见，原则上，针对查封、扣押、冻结财产进行变价处置，应首先采取拍卖方式。这是因为拍卖方式更能通过竞价方式竞得最高应价，这对于申请执行人和被执行人而言均是最有利的；而在采取拍卖方式时，则应优先采用网络司法拍卖的方式，这也有利于征集到更广泛的竞拍者。

第二，委托具备资质的拍卖机构。一般拍卖及线下拍卖，拍卖机构由人民法院随机确定。网络拍卖，目前而言，最高人民法院发布的司法拍卖网络服务提供者名单库中共有 7 家网络服务提供者，具体包括淘宝网、京东网、人民法院诉讼资产网、公拍网、中国拍卖行业协会网、工商银行融 e 购、北京产权交易所。[①]

第三，针对拟拍卖财产进行评估。原则上，人民法院对拟拍卖财产均应委托具有相应资质的评估机构进行价格评估。但是，对于财产价值较低或者价格依照通常方法容易确定的，或者当事各方及其他执行债权人申请不进行评估的，也可以不进行评估。

第四，确定拍卖保留价。司法拍卖中的保留价，即底价或起拍价，是对被执行人利益的保护机制。在拍卖成功后，被执行人即不再享有被拍卖

① 《最高人民法院关于司法拍卖网络服务提供者名单库的公告》及《最高人民法院关于司法拍卖网络服务提供者名单库新增入库公告》。

财产的所有权。如果拍卖价格过低，既损害了被执行人的利益，也对申请执行人无益；如果拍卖价格过高，财产无法顺利被拍卖，往往流拍，也影响申请执行人的利益。

针对线下的司法拍卖，对经过评估的财产，评估价即为第一次拍卖的保留价；对于未作评估的，保留价由人民法院参照市价确定，并应征询有关当事人的意见。若后续出现流拍，再行拍卖时，可酌情降低保留价，但每次降低的数额不得超过前次保留价的 20%。

针对线上的网络司法拍卖，起拍价由人民法院参照评估价确定；未作评估的，参照市价确定，并征询当事人意见。起拍价不得低于评估价或者市价的 70%。这里需要注意的是，网络司法拍卖的起拍价不得低于评估价或者市价的 70%即可，人民法院在确定起拍价方面享有一定的权利。而对于线下的司法拍卖，经评估的，评估价即为起拍价；未经评估的，起拍价参照市价并征询当事人意见，人民法院并没有对评估价或市价打折的权利。

第五，拍卖公告。线下司法拍卖中，拍卖动产的，应当在拍卖 7 日前公告；拍卖不动产或者其他财产权的，应当在拍卖 15 日前公告。

网络司法拍卖中，应当先期公告，拍卖公告除通过法定途径发布外，还应同时在网络司法拍卖平台发布。拍卖动产的，应当在拍卖 15 日前公告；拍卖不动产或者其他财产权的，应当在拍卖 30 日前公告。

一般而言，拍卖公告应当包括拍卖财产、价格、保证金、竞买人条件、拍卖财产已知瑕疵、相关权利义务、法律责任、拍卖时间、网络平台和拍卖法院等信息。对于网络司法拍卖，在拍卖公告发布当日应通过网络司法拍卖平台公示下列信息：（1）拍卖公告；（2）执行所依据的法律文书，但法律规定不得公开的除外；（3）评估报告副本，或者未经评估的定价依据；（4）拍卖时间、起拍价以及竞价规则；（5）拍卖财产权属、占有使用、附随义务等现状的文字说明、视频或者照片等；(6) 优先购买权主体以及权利性质；(7) 通知或者无法通知当事人、已知优先购买权人的情况；(8) 拍卖保证金、拍卖款项支付方式和账户；(9) 拍卖财产产权转移可能产生的税费及承担方式；(10) 执行法院名称，联系、监督方式等。

第六，通知当事人和已知的担保物权人、优先购买权人或其他优先权人于拍卖日到场。

第七，参与竞买人应符合相关资质条件，并预交保证金。法律、行政法规对买受人的资格或者条件有特殊规定的，竞买人应当具备规定的资格或者条件。申请执行人、被执行人可以参加竞买。

拍卖不动产、其他财产权或者价值较高的动产的，竞买人应当于拍卖前向人民法院预交保证金。申请执行人参加竞买的，可以不预交保证金。保证金的数额由人民法院确定，但不得低于评估价或者市价的5%。对于网络司法拍卖，保证金数额由人民法院在起拍价的5%至20%范围内确定。

应当预交保证金而未交纳的，不得参加竞买。拍卖成交后，买受人预交的保证金充抵价款，其他竞买人预交的保证金应当退还；拍卖未成交的，保证金应当退还竞买人。

第八，进行拍卖，并确定买受人。进入竞拍环节后，情形就变得较为复杂，如拍卖财产可能被顺利拍得，也可能无人竞拍而以物抵债，还可能无人竞拍导致流拍。同时，一般拍卖和网络拍卖在具体的操作流程方面也存在一定的区别，更加凸显了司法拍卖的复杂性，值得我们关注。

1. 首次拍卖

(1) 一般拍卖

第一种情形是有竞买者参与拍卖并由竞买者以高价拍得。拍卖过程中，出现最高应价（可能是唯一一个应价，也可能是多个应价中的最高者），应视优先购买权人是否表示以该最高应价买受。若是，则拍归优先购买权人；若否，则按最高应价拍归最高应价者。但若优先购买权人表示接受最高应价后，又有更高应价出现，而优先购买权人未作表示的，仍按最高应价拍归最高应价者。当出现多个顺位相同的优先购买权人同时表示买受时，应以抽签方式决定。

第二种情形是无人参与竞拍，或者竞买人的最高报价低于保留价。拍卖时无人竞买或者竞买人的最高应价低于保留价，到场的申请执行人或者其他执行债权人申请或者同意以该次拍卖所定的保留价接受拍卖财产的，应当将该财产交其抵债，即可以选择以物抵债。

第三种情形是无人参与竞拍或竞买人的最高报价低于保留价，且到场的申请执行人或其他执行债权人不申请以保留价抵债的，应当在 60 日内进行二次拍卖。二次拍卖的保留价可最低降至首次拍卖保留价的 80%。

（2）网络拍卖

第一种情形是有竞买者参与拍卖并由竞买者以高价拍得。对于网络拍卖，平台有其相应的拍卖规则，但仍遵从自起拍价开始以递增出价方式竞价，增价幅度由人民法院确定。竞买人以低于起拍价出价的无效。网络司法拍卖的竞价时间应当不少于 24 小时。竞价程序结束前 5 分钟内无人出价的，最后出价即为成交价；有出价的，竞价时间自该出价时点顺延 5 分钟。

第二种情形是流拍后申请执行人或其他执行债权人接受以物抵债。

第三种情形是无人参与竞拍或竞买人的最高报价低于保留价，属于一拍流拍。流拍后应当在 30 日内在同一网络司法拍卖平台再次拍卖，拍卖动产的应当在拍卖 7 日前公告；拍卖不动产或者其他财产权的应当在拍卖 15 日前公告。再次拍卖的起拍价降价幅度不得超过前次起拍价的 20%，也就是最低可为评估价或市价的 56%（网络司法拍卖一拍的起拍价最低为评估价或市价的七折乘以二拍降价幅度最高为一拍价格的八折）。

2. 二次拍卖

（1）一般拍卖

第一种情形是有竞买者参与拍卖并由竞买者以高价拍得。这与首拍是一致的。

第二种情形区分动产和不动产而有所不同。对于第二次拍卖仍流拍的动产，人民法院可以将其作价交申请执行人或者其他执行债权人抵债。申请执行人或者其他执行债权人拒绝接受或者依法不能交付其抵债的，人民法院应当解除查封、扣押，并将该动产退还被执行人。对于第二次拍卖仍流拍的不动产或者其他财产权，人民法院可以将其作价交申请执行人或者其他执行债权人抵债。申请执行人或者其他执行债权人拒绝接受或者依法不能交付其抵债的，应当在 60 日内进行第三次拍卖。第三次拍卖的保留价可最低降至首次拍卖保留价的 64%。

（2）网络拍卖

第一种情形是有竞买者参与拍卖并由竞买者以高价拍得。这与首拍是一致的。

第二种情形是仍流拍，可以由申请执行人或其他执行债权人接受以物抵债；或者，网络拍卖不再区分动产或不动产，在二次流拍且以物抵债不成时可依法在同一网络司法拍卖平台变卖。变卖的变卖价为二次流拍时的保留价即最低为评估价或市价的 56%。变卖仍失败，且申请执行人、其他执行债权人仍不以物抵债的，应当解除查封、冻结，将该财产退还被执行人。

3. 三次拍卖

只有一般拍卖有第三次拍卖，网络拍卖没有第三次拍卖。

第一种情形是有竞买者参与拍卖并由竞买者以高价拍得。这与前两次拍卖是一致的。

第二种情形是三次流拍后可以由申请执行人或其他执行债权人接受以物抵债。

第三种情形是流拍后且申请执行人或其他执行债务人不接受以物抵债的，不再区分动产和不动产均启动变卖。变卖的价格为第三次拍卖时的保留价即最低为评估价或市价的64%。变卖仍失败，且申请执行人、其他执行债权人仍不以物抵债的，应当解除查封、冻结，将该财产退还被执行人。

（二）司法变卖的基本流程

如前所述，针对查封、扣押、冻结的财产，原则上应首先以拍卖的方式变价处置，故这里所述的变卖并非指拍卖流拍后的变卖，而是指不经拍卖而直接进行的变卖。

对查封、扣押、冻结的财产，当事人双方及有关权利人同意变卖的，可以变卖。金银及其制品、当地市场有公开交易价格的动产、易腐烂变质的物品、季节性商品、保管困难或者保管费用过高的物品，人民法院可以决定变卖。

当事人双方及有关权利人对变卖财产的价格有约定的，按照其约定价格变卖；无约定价格但有市价的，变卖价格不得低于市价；无市价但价值较大、价格不易确定的，应当委托评估机构进行评估，并按照评估价格进行变卖。按照评估价格变卖不成的，可以降低价格变卖，但最低的变卖价不得低于评估价的1/2。

变卖的财产无人应买的，可以将该财产交申请执行人或者其他执行债权人抵债；申请执行人或者其他执行债权人拒绝接受或者依法不能交付其抵债的，人民法院应当解除查封、扣押，并将该财产退还被执行人。

实务建议

对于困境资产，既然已陷入困境，其波及的范围不仅局限于困境资产的所有人，也包括困境资产所有人的债权人。就不动产困境资产而言，主要是银行或其他金融机构债权人。对于银行或其他金融机构，困境资产的处置工作肯定并非其主要工作领域和范围，如果银行或其他金融债权人将债权处置给资产管理公司，届时困境资产也将波及资产管理公司。故，作为资产处置重要方式的司法拍卖和变卖，也是各相关主体均应予以重视和关注的涉困境资产基本问题。

问题16 拍卖中评估价、保留价、起拍价之间的关系如何？

司法拍卖中经常涉及评估价、保留价、起拍价等名称，且一拍、二拍、三拍的要求又有所不同。本节将对此进行简要总结和分析。

法条链接

《最高人民法院关于人民法院民事执行中拍卖、变卖财产的规定》(2020修正)

第五条 拍卖应当确定保留价。

拍卖财产经过评估的，评估价即为第一次拍卖的保留价；未作评估的，保留价由人民法院参照市价确定，并应当征询有关当事人的意见。

如果出现流拍，再行拍卖时，可以酌情降低保留价，但每次降低的数额不得超过前次保留价的百分之二十。

《最高人民法院关于人民法院网络司法拍卖若干问题的规定》

第十条 网络司法拍卖应当确定保留价，拍卖保留价即为起拍价。

起拍价由人民法院参照评估价确定；未作评估的，参照市价确定，并征询当事人意见。起拍价不得低于评估价或者市价的百分之七十。

第二十六条 网络司法拍卖竞价期间无人出价的，本次拍卖流拍。流拍后应当在三十日内在同一网络司法拍卖平台再次拍卖，拍卖动产的应当在拍卖七日前公告；拍卖不动产或者其他财产权的应当在拍卖十五日前公告。再次拍卖的起拍价降价幅度不得超过前次起拍价的百分之二十。

再次拍卖流拍的，可以依法在同一网络司法拍卖平台变卖。

参考案例

河北某公司、北京某公司等执行复议案①

北京某公司与河北某公司股权转让纠纷一案，北京市第二中级人民法院于 2018 年 11 月 28 日作出民事判决，河北某公司应向北京某公司支付补偿款及利息。河北某公司不服一审判决，提起上诉。北京市高级人民法院经审理，二审判决驳回河北某公司上诉，维持原判。诉讼过程中，保全冻结了河北某公司持有的金某公司 51%股权。上述二审判决生效后，北京某公司申请强制执行，北京市第二中级人民法院予以立案执行。

执行过程中，北京市第二中级人民法院委托评估公司对上述金某公司 51%股权进行价值评估。2022 年 9 月 27 日，北京某公司向北京市第二中级人民法院提交《强制拍卖并行使优先购买权申请书》，申请事项之一为对河北某公司持有的金某公司 30%股权即案涉股权通过某平台进行拍卖，并载明河北某公司持有金某公司 51%股权评估价值为 33145.33 万元。2022 年 10 月 10 日，北京市第二中级人民法院向河北某公司作出拍卖通知书，通知将于 2022 年 10 月 13 日通过某平台发布对案涉股权进行公开司法拍卖的拍卖公告，2022 年 11 月 15 日，案涉股权一拍结束，结果为流拍。

在北京市第二中级人民法院执行过程中，河北某公司提出执行异议。北京市第二中级人民法院驳回了其执行异议请求。河北某公司又向北京市

① 北京市高级人民法院（2023）京执复 46 号执行裁定书。

高级人民法院申请复议。

北京市高级人民法院认为，《最高人民法院关于人民法院强制执行股权若干问题的规定》第十三条第一款规定，人民法院拍卖被执行人的股权，应当采取网络司法拍卖方式。第十九条规定，本规定自2022年1月1日起施行。施行前本院公布的司法解释与本规定不一致的，以本规定为准。《最高人民法院关于人民法院网络司法拍卖若干问题的规定》第二条规定，人民法院以拍卖方式处置财产的，应当采取网络司法拍卖方式，但法律、行政法规和司法解释规定必须通过其他途径处置，或者不宜采用网络拍卖方式处置的除外。第十条规定，网络司法拍卖应当确定保留价，拍卖保留价即为起拍价。起拍价由人民法院参照评估价确定；未作评估的，参照市价确定，并征询当事人意见。起拍价不得低于评估价或者市价的70%。本案中，因被执行人河北某公司未履行生效判决确定的义务，北京市第二中级人民法院依法委托评估机构对案涉股权予以评估，在申请执行人北京某公司提交《强制拍卖并行使优先购买权申请书》的情况下，该院参照评估价的70%确定了案涉股权的起拍价并进行网络司法拍卖，上述执行行为符合相关司法解释的规定。故河北某公司所提案涉股权应优先适用《最高人民法院关于人民法院民事执行中拍卖、变卖财产的规定》确定评估价为拍卖保留价、案涉股权系国有资产而不应采取网络司法拍卖的方式等复议理由缺乏法律依据，对其复议请求，本院不予支持。北京市第二中级人民法院执行裁定正确，予以维持。

理论分析

就一般拍卖而言，所谓评估价是指经有资质的评估机构对拟拍卖的财产进行评估后的价格。对于一拍，经过评估的，评估价就是保留价；未经评估的，保留价由人民法院参照市价确定，并应征询当事人的意见。对于二拍，保留价可较一拍保留价适当降低，但降低的数额不能超过一拍保留价的20%，即二拍的保留价最低是一拍保留价即评估价的80%。对于三拍，保留价可较二拍保留价适当减低，但同样降低的数额不能超过二拍保留价的20%，即三拍的保留价最低是二拍保留价的80%，即评估价的64%。

就网络拍卖而言，评估价的定义与一般拍卖相同。保留价即起拍价，对于一拍，起拍价由人民法院参照评估价确定；未经评估的，参照市价确定，并征询当事人意见。起拍价不得低于评估价或市价的70%，即对于网络拍卖的一拍，可以在评估价或市价基础上最多打七折。对于二拍，起拍价可较一拍起拍价适当降低，但降低的数额不能超过一拍起拍价的20%，即二拍的起拍价最低是一拍起拍价的80%，即评估价的56%。

实务建议

建议在一般拍卖和网络拍卖的流程熟悉的基础上，熟练掌握上述评估价、保留价、起拍价等含义。这样将有助于在实操具体项目时进行准确的分析，以判断每次拍卖中的保留价或起拍价。

问题17 司法拍卖和破产拍卖有何异同?

我们经常提及和适用“拍卖”，但实际上“拍卖”存在多种含义，包括司法拍卖和破产拍卖等。本节将就二者之间的异同进行介绍和分析。

法条链接

《民事诉讼法》(2023 修正)

第二百零八条　人民法院受理申请后，经审查，符合法律规定的，裁定拍卖、变卖担保财产，当事人依据该裁定可以向人民法院申请执行；不符合法律规定的，裁定驳回申请，当事人可以向人民法院提起诉讼。

第二百五十五条 被执行人未按执行通知履行法律文书确定的义务，人民法院有权查封、扣押、冻结、拍卖、变卖被执行人应当履行义务部分的财产。但应当保留被执行人及其所扶养家属的生活必需品。

采取前款措施，人民法院应当作出裁定。

第二百五十八条 财产被查封、扣押后，执行员应当责令被执行人在指定期间履行法律文书确定的义务。被执行人逾期不履行的，人民法院应当拍卖被查封、扣押的财产；不适于拍卖或者当事人双方同意不进行拍卖的，人民法院可以委托有关单位变卖或者自行变卖。国家禁止自由买卖的物品，交有关单位按照国家规定的价格收购。

《企业破产法》

第一百一十二条 变价出售破产财产应当通过拍卖进行。但是，债权人会议另有决议的除外。

破产企业可以全部或者部分变价出售。企业变价出售时，可以将其中的无形资产和其他财产单独变价出售。

按照国家规定不能拍卖或者限制转让的财产，应当按照国家规定的方式处理。

参考案例

某铜业公司与某律师事务所管理人责任纠纷二审案①

2014年1月16日，杭州市中级人民法院作出民事判决书，判决：(1) 某电力公司支付某铜业公司货款6500余万元，并支付逾期利息及后续利息；(2) 某电力公司自判决生效之日起支付某铜业公司律师代理费40万

① 江苏省高级人民法院（2018）苏民终171号民事判决书。

元；(3) 某铜业公司有权以某房产折价或者以拍卖、变卖上述房产所得的价款，在6800万元限度内，就上述第（1）项、第（2）项某电力公司应付款项在清偿顺序上次于某银行优先受偿；(4) 某铜业公司有权以某电力公司和某铜业公司签订的《补充协议》中所约定的库存电缆材料折价或者以变卖、拍卖后的价款，在6800万元限度内，就上述第（1）项、第（2）项某电力公司应付款项优先受偿；(5) 某电缆公司就上述第（1）项、第（2）项某电力公司应付款项承担连带清偿责任。

宜兴市人民法院于2014年5月29日作出民事裁定书，裁定受理谢某对某电力公司的破产清算申请；于2014年8月2日作出民事裁定书，裁定受理某电缆公司的破产清算申请；于2015年5月8日，作出民事裁定书，裁定宣告某电力公司和某电缆公司合并破产清算。期间，宜兴市人民法院分别于2014年6月10日和8月6日作出决定书，指定某律师事务所担任某电力公司和某电缆公司的管理人。

另查明，某电力公司、某电缆公司资产变卖情况：两家企业资产经宜兴某会计师事务所合并审计为7600余万元后，两家公司资产进行公开拍卖，第一次拍卖后流拍，第二次拍卖后流拍，第三次拍卖后流拍；随后又对两公司整体资产变卖，但变卖失败；随后又调整变卖价为3500万元，变卖成交。

管理人某律师事务所在破产清算程序中，召开两次债权人会议，均通知某铜业公司参加，某铜业公司也均到会并签字。2015年6月16日，管理人召开第二次债权人会议，某铜业公司到会。本次会议主要议题为：(1) 由管理人向债权人作第一次债权人会议后执行职务工作报告；(2) 核查债权并表决有关事项；(3) 指定债权人会议主席；(4) 听取某电力公司、某电缆公司管理人关于破产财产管理、变价方案、破产财产分配方案以及报酬的报告；(5) 回答债权人提问；(6) 表决有关事项。在该次债权人会议上，经到会的全体债权人表决，通过了各项决议。2016年2月23日，宜兴市人民法院作出民事裁定书，裁定：(1) 对某电力公司和某电缆公司管理人制作的《某电力公司、某电缆公司破产财产分配方案》，该院予以认可；(2) 由某电力公司和某电缆公司管理人负责执行《某电力公司、某电缆公司破产财产分配方案》。2016年12月28日，宜兴市人民法院作出民事裁定书，裁定终结某电力公司、某电缆公司合并破产程序。

江苏省高级人民法院认为，本案二审的争议焦点是：某律师事务所作为管理人对破产企业财产的变卖是否损害了上诉人某铜业公司的利益。是否剥夺了上诉人某铜业公司就库存电缆优先受偿的权利。

《企业破产法》第一百一十二条第一款规定，变价出售破产财产应当通过拍卖进行。但是，债权人会议另有决议的除外。根据一审查明的事实，破产企业第二次债权人会议表决通过了包括变价方案、破产财产分配方案在内的各项决议。宜兴市人民法院生效裁定确认了债权人会议表决通过的财产分配方案。浙江某铜业公司出席了会议并参与了表决，债权人会议决议对某铜业公司具有约束力。经管理人申请，宜兴市人民法院通过某网络平台依法对案涉财产进行了三次拍卖和一次变卖，均因无人购买而未成交，后经再次将案涉财产在上述网络平台进行公开变卖，买受人以最高价3500万元买受，并付清竞买款项，宜兴市人民法院裁定予以确认。某铜业公司虽认为管理人变卖破产企业财产的行为损害了其利益，但其提供的证据不足以证实其主张。同时，《最高人民法院关于人民法院民事执行中拍卖、变卖财产的规定》规范对象为民事执行程序中的拍卖、变卖措施，并不适用本案破产财产变价程序，故某铜业公司关于破产财产变价明显低于正常的价格，致使其债权不能得到合理清偿的上诉请求没有事实和法律依据，不能成立。《企业破产法》第六十四条第二款规定，债权人认为债权人会议的决议违反法律规定，损害其利益的，可以自债权人会议作出决议之日起15日内，请求人民法院裁定撤销该决议，责令债权人会议依法重新作出决议。某铜业公司并未在上述法定期限内提出异议。客观上，本案破产财产经变价处理尚不足以清偿前一顺序优先债权，作为第二顺序优先债权人的某铜业公司其权益并未受到实质损害。故某铜业公司关于破产管理人剥夺了其就库存电缆优先受偿的权利且未书面告知，造成某铜业公司重大经济损失的上诉理由缺乏依据。

理论分析

除了司法拍卖和破产拍卖以外，还存在普通拍卖（如拍卖古玩字画）、国有土地使用权拍卖等。司法拍卖和破产拍卖虽然较为特殊，但二者均是拍卖，均遵循拍卖的一般原则，即通过公开竞价的形式，将特定物品或财产权利按照最高应价或者最优条件转让给受让方。通过采用最高应价者得或者最优条件者得，可以在竞拍者中通过竞争方式选举出提供最高报价的竞拍者或者提供最优条件的竞拍者，可以让拍卖标的的价值最大化，对于拍卖的委托人最为有利。

司法拍卖是指人民法院在民事案件强制执行程序中，按程序自行进行或委托拍卖公司公开处理债务人的财产，以清偿债权人债权的工作。而破产拍卖是指在破产的前提下，破产管理人将破产人的破产财产中非金钱财产通过公开竞价并由最高竞价者竞得方式变价处置的一种方式。据此，司法拍卖和破产拍卖的不同点可归纳为如下几点。

第一，适用的前提或者背景不同。对于司法拍卖，其前提是发生了强制执行，即发生在民事执行程序中。这种强制执行可以是因为被执行人在指定期间拒不履行生效法律文书确定的义务，或者出现已办理强制执行公证的特定情形。对于破产拍卖，其前提是人民法院已宣告债务人进入破产程序，债务人的身份已转变为破产人，债务人财产也已成为破产财产，人民法院将通过处置破产财产的方式使破产财产得以变现，并向破产债权人进行相应分配。

第二，主体不同。司法拍卖的主体是人民法院。人民法院可以通过普通拍卖或网络平台拍卖的方式进行拍卖。人民法院是拍卖公告的发布主体。破产拍卖的主体是破产管理人。破产管理人可以通过普通拍卖或网络平台的方式进行拍卖。破产管理人是拍卖公告的发布主体。

第三，目的不同。司法拍卖的目的是强制被执行人履行生效法律文书确定的义务或强制执行公证约定情形下的义务，而破产拍卖的目的则是将破产财产变现以向破产债权人进行分配。

第四，适用规范不同。在司法拍卖中，申请执行人在申请执行后，一旦进入强制执行程序，那么针对被执行财产进行拍卖应严格按照《民事诉讼法》及《最高人民法院关于人民法院民事执行中拍卖、变卖财产的规定》的规定进行拍卖。而对于破产拍卖，目前在全国范围内并没有明确其程序的规定。由于破产拍卖是为了清偿破产债权，故破产债权人所组成的债权人会议发挥其意思自治的作用更为重要，其可以向破产管理人进行相应的授权，并对破产拍卖作出相应的符合债权人利益的特别要求。

第五，拍卖次数不同。对于司法拍卖，采用普通方式拍卖的，动产可二次拍卖，不动产可三次拍卖；仍流拍的，进入变卖程序。采用网络方式拍卖的，不再区分动产或不动产，均可二次拍卖；仍流拍的，进入变卖程序。但对于破产拍卖，并没有拍卖次数的限制。这也是由破产拍卖的目的所决定的，即必须通过财产变现的方式处置破产财产。即使拍卖次数过多导致破产财产打折程度较高，也应实现破产财产的变现，否则破产财产以实物或者财产权的形式存在对于破产债权人并无实际意义。

本书此前章节已介绍过司法拍卖的基本流程，在此不再赘述。对于破产拍卖，从全国范围看，目前还没有类似于《最高人民法院关于人民法院民事执行中拍卖、变卖财产的规定》的规定，但是北京、上海等地法院系统结合破产拍卖实践情况，已制定了相应的适用于所在地的破产拍卖实施办法。

以《上海市高级人民法院关于破产程序中财产网络拍卖的实施办法（试行）》为例，我们可以简单对破产拍卖的一些要求进行如下梳理。

第一，原则上，破产程序中变价处置债务人财产，应采用网络拍卖方式，但法律、行政法规和司法解释规定必须通过其他途径处置，以及债权人会议另有决议或不宜采用网络拍卖方式的除外。

第二，管理人作为拍卖实施主体，应以自己的名义依法通过网络拍卖平台处置债务人财产，接受债权人会议、债权人委员会和人民法院的监督。

第三，网络拍卖平台应从最高人民法院确定的司法拍卖网络服务提供者名单库中选择。

第四，网络拍卖方案应由管理人在财产变价方案中提出并提交债权人会议讨论、表决。网络拍卖方案一般包括：拟通过网络拍卖处置的债务人财产的范围、状况；拟选择的网络拍卖平台；拟拍卖时间、起拍价或其确定方式、保证金的数额或比例、保证金和拍卖款项的支付方式及支付期限；公告期、竞价时间、出价递增幅度、拍卖次数、每次拍卖的降价幅度及流拍后的处理方式；其他需要由债权人会议决议的事项。

第五，确定起拍价。起拍价事关破产债权清偿。一般情况下管理人应当提出处置参考价供债权人会议参考确定起拍价。参考价可以采取以下方式确定：(1) 定向询价。债务人财产有计税基准价、政府定价或者政府指导价的，管理人可以向确定参考价时财产所在地的有关机构进行定向询价。(2) 网络询价。债务人财产无须由专业人员现场勘验或者鉴定，且具备网络询价条件的，管理人可以通过司法网络询价平台或其他网络询价平台进行网络询价。(3) 委托评估。法律、行政法规规定必须委托评估、债权人会议要求委托评估的，管理人应当委托评估机构进行评估。网络询价不能或不成的，管理人可以委托评估机构进行评估。（4）管理人估价。无法通过以上三种方式确定参考价的股权、知识产权等，委托评估费用过高或者财产价值显著较低的，管理人可以根据市场交易价格、财务数据等进行估算。债权人会议也可以授权管理人自行确定起拍价。债权人会议无法就起拍价作出决议的，由人民法院裁定，但一般不应低于处置参考价的70%。

第六，公告。管理人实施网络拍卖应当先期公告。首次拍卖的公告期不少于15日，流拍后再次拍卖的公告期不少于7日。公告应同时在选择的网络拍卖平台和全国企业破产重整案件信息网上发布，并可以根据案件需要在其他媒体发布。拍卖公告应当包括拍卖财产、起拍价、保证金、竞买人条件、拍卖财产已知瑕疵、相关权利义务、法律责任、拍卖时间、网络平台、破产案件审理法院、管理人名称及联系方式等信息。

第七，公示信息。管理人应当在拍卖公告发布当日通过选择的网络拍卖平台公示下列信息：拍卖公告；拍卖财产现状的文字说明、照片或视频等；拍卖时间、起拍价及竞价规则；拍卖保证金、拍卖款项支付方式和账户；优先购买权主体以及权利性质；通知或无法通知已知优先购买权人的情况；财产交付方式、财产所有权转移手续以及税费负担；风险提示及其他应当公示和说明的事项。

第八，债务人财产网络拍卖的拍卖次数、降价幅度不受限制。为提高财产处置效率，债权人会议关于财产变价方案的决议内容可以明确债务人财产通过多次网络拍卖直至变现为止，或明确变卖前的流拍次数，以及整体拍卖流拍后的处理方案。

第九，拍卖成交后，由网络拍卖平台自动生成确认书并公示，确认书中载明实际买受人的身份、竞买代码等信息。

第十，管理人应当协助买受人办理拍卖财产交付、证照变更及权属转移手续，必要时可以申请人民法院出具拍卖成交确认裁定书和协助执行通知书。

实务建议

司法拍卖和破产拍卖既有相同点，也有不同点。一旦困境资产作为被执行财产进入司法拍卖程序或者作为破产财产进入破产拍卖程序，那么在必要情况下应当和法院或者管理人进行必要的沟通，以便尽可能地了解涉及资产的具体情况，作出是否参与竞拍及能够给出多少应价的决策。

问题18 破产清算、破产重整和破产和解有何异同？

关于破产，困扰大家的第一个问题就是《企业破产法》同时规定了破产清算、破产重整及破产和解等多个概念，但这三个概念之间究竟是什么关系，应该如何适用？下面将对三者之间的关系进行简单的厘清。

法条链接

《企业破产法》

第二条 企业法人不能清偿到期债务，并且资产不足以清偿全部债务或者明显缺乏清偿能力的，依照本法规定清理债务。

企业法人有前款规定情形，或者有明显丧失清偿能力可能的，可以依照本法规定进行重整。

第七十条 债务人或者债权人可以依照本法规定，直接向人民法院申请对债务人进行重整。

债权人申请对债务人进行破产清算的，在人民法院受理破产申请后、宣告债务人破产前，债务人或者出资额占债务人注册资本十分之一以上的出资人，可以向人民法院申请重整。

第九十五条 债务人可以依照本法规定，直接向人民法院申请和解；也可以在人民法院受理破产申请后、宣告债务人破产前，向人民法院申请和解。

债务人申请和解，应当提出和解协议草案。

第一百零七条 人民法院依照本法规定宣告债务人破产的，应当自裁定作出之日起五日内送达债务人和管理人，自裁定作出之日起十日内通知已知债权人，并予以公告。

债务人被宣告破产后，债务人称为破产人，债务人财产称为破产财产，人民法院受理破产申请时对债务人享有的债权称为破产债权。

参考案例

某商贸公司等与某公司确认合同无效纠纷案①

该案中，北京市高级人民法院对破产申请进行了分析和说明。《企业破产法》第二十一条规定，所述受理破产申请，包括受理破产清算申请、破产重整申请和破产和解申请，故本案应适用《企业破产法》的规定确定案件管辖，一审法院对本案具有管辖权。

某公司申请破产重整强制清算与破产纠纷案②

该案中，上海市高级人民法院对三种不同破产程序进行了分析和说明。《企业破产法》第二条、第八条规定的是破产原因及申请破产所需的基础材料。《企业破产法》规定了破产清算、破产重整、破产和解三种不同的破产程序，不同的破产程序受理审查的要件有所不同。破产重整并非企业退出市场的唯一途径，破产重整的对象应当是具有挽救价值和可能的困境

① 北京市高级人民法院（2021）京民辖终72号民事裁定书。
② 上海市高级人民法院（2019）沪破终1号民事裁定书。

企业，人民法院审查破产重整申请时应当综合考量债务人的重整价值和可能性。

理论分析

（一）破产清算

一般意义上，或者狭义理解上，破产指的就是破产清算。此时，满足破产清算条件的企业已经无法清偿到期债务，并且资产不足以清偿全部债务或者明显缺乏清偿能力，需要对该企业的财产进行清算，并相应偿还债权人的债权，保障债权人的权益。因此，破产清算是在企业濒于破产时对企业的财产进行清算以最大限度保障债权人利益的破产活动，其最终目的是通过破产清算这一程序对债权人利益进行最大限度的保障和维护。

如上所述，企业进入破产清算程序也需要满足一定的条件，具体而言包括两种，第一是企业已经无法清偿到期债务并且资产不足以清偿全部债务，第二是企业已经无法清偿到期债务并且明显缺乏清偿能力。

提请破产清算的主体可以是债权人，也可以是债务人，这是容易理解的。因为破产清算的目的就是清算债务人财产和保障债权人的权益。但债务人和债权人申请企业破产清算的具体要求有所不同。比如，债权人向法院申请企业破产，所需要提交的是破产申请书和相关证据，包括申请人、被申请人的基本情况，申请破产的目的、事实和理由等；但债务人向法院申请企业破产的，除上述内容外，还要向法院提交财产状况说明、债务清册、债权清册、有关财务会计报告、职工安置预案以及职工工资的支付和社会保险费用的缴纳情况。区别对待的主要原因在于，债权人只能够知道债务人无法清偿到期债务的事实，但对债务人的资产情况是否资不抵债或者明显缺乏清偿能力是无从知道的；相反，债务人对自身资产情况、清偿能力都是知悉的，因此对于债务人提请破产提出了更高的要求。

根据《企业破产法》第七条第三款的规定，企业法人已解散但未清算或者未清算完毕，资产不足以清偿债务的，依法负有清算责任的人应当向法院申请破产清算。因此，除了债务人和债权人以外，依法负有清算责任的人即清算组也可以向法院申请债务人的破产清算。此种情况主要针对企业在出现《公司法》规定的解散情形时，在注销前必须经过清算流程。如果在清算过程中发现企业已经资不抵债了，那么清算组就应当向法院申请破产清算，以实现对企业剩余资产向债权人进行分配，并最终达到注销企业的效果。

企业进入破产清算程序，法院指定的管理人就要对企业的资产进行盘点。若最终被法院宣告破产，则进入后续财产分配阶段。但如果破产宣告前，第三人为债务人提供足额担保或者为债务人清偿全部到期债务的，或者债务人已清偿全部到期债务的，法院应当裁定终结破产程序，并予以公告，此时债务人已经不再符合破产清算的条件。

（二）破产重整

对于不了解破产程序的人而言，重整程序带有一定的陌生感。实际上，重整属于广义的破产程序的一种，与破产清算及和解并列存在。重整的目的是对于虽然具备破产条件，但是有希望、有价值通过重整程序而起死回生的企业，使其重新恢复正常经营。这与破产清算重点旨在清算债务人财产及公平地向债权人偿还债权是有本质区别的。

根据《企业破产法》第二条的规定，重整的适用条件具体可以分为两种情形。第一是企业不能清偿到期债务，并且资产不足以清偿全部债务或者明显缺乏清偿能力。这种情形就是企业具备破产条件，与破产清算及和解的适用条件是相同的。第二是企业有明显丧失清偿能力的可能。这种情形中企业可能尚不符合破产条件，但是已经有明显丧失清偿能力的可能，即可以适用重整程序。这有助于提高重整的成功概率，更好地发挥重整使得企业起死回生的作用。

提请重整的申请人可以是债权人，也可以是债务人。这与破产清算是一致的。除此以外，还有一个特殊情形，即法院受理破产申请后、宣告债务人破产前，债务人或者出资额占债务人注册资本 1/10 以上的出资人，也可以向法院申请重整。

与破产清算不同的是，重整由于旨在使债务人起死回生，因此重整程序有明确的截止时间。债务人或者管理人应当在法院裁定债务人重整之日起 6 个月内，向法院和债权人会议提交重整计划草案。6 个月期限届满，经过债务人或管理人请求，法院可以裁定进一步延期 3 个月。3 个月期限届满仍无法提出重整计划草案的，法院将裁定终止重整程序，并宣告债务人破产。因此，重整程序自法院裁定债务人重整之日起最长只有 9 个月的时间，即不能让重整程序拖延更长时间，以免给债权人的债权造成其他不利的影响。

（三）破产和解

和解也是《企业破产法》规定的破产程序之一，与破产清算和重整并列。和解的目的是债务人提出和解方案，并进一步与债权人就债务的免除、债务的延期等达成一致，避免企业进入破产清算程序。

根据《企业破产法》第二条的规定，和解的适用条件和破产清算一致，也是具体可以分为两种情形。第一种是企业不能清偿到期债务且资产不足以清偿全部债务，第二种是企业不能清偿到期债务且明显缺乏清偿能力。

但是提请和解的申请人只能是债务人，而不能是债权人。这主要是因为和解的目的是债务偿还的延期和债务减免，债权人并不会主动地向法院申请这些事项，这些事项只是债务人的单方诉求。

和解程序更多是在法院主导下的债务人和债权人的和解。《企业破产法》第一百零五条另外依据当事人意思自治对和解进行了约定，即法院受理破产申请后，债务人与全体债权人就债权债务的处理自行达成协议的，可以请求法院裁定认可，并终结破产程序。《企业破产法》第一百零五条规定的和解，是债务人与全体债权人的自行和解，类似于民事诉讼法上的调解结案，与作为破产程序之一的和解程序不同。

（四）破产清算、重整、和解的联系

前面已经对破产清算、重整及和解的基本情况有所介绍，表明三者是完全不同的破产程序。在此基础上，再总结三者之间的联系和区别就水到渠成。

第一，破产清算、重整及和解都是《企业破产法》规定的破产程序，三者是并存的关系。企业可以因具备破产条件而直接进入破产清算阶段、重整阶段、和解阶段，而不必一个程序以另一个程序为前置条件。

第二，破产清算、重整及和解存在相互转化的可能。

对于破产清算，有三种可能性。第一种，在法院裁定受理破产申请后，如果企业符合宣告破产的条件，则法院可以宣告破产，即企业进入破产清算程序，最终达到宣告破产的结果，并进一步地进行破产财产的变现和分配，直至企业注销。第二种，法院受理破产申请后、宣告债务人破产前，债务人或者出资额占债务人注册资本 1/10 以上的出资人，可以向法院申请重整。此时，破产清算程序可能转化为重整程序。第三种，法院受理破产申请后，宣告债务人破产前，债务人可以向法院申请和解，并提出和解协议草案。此时，破产清算程序可能转化为和解程序。

对于重整，有两种可能性。第一种，在法院裁定受理重整申请后，重

整计划草案得以通过，重整成功，那么企业得以起死回生。第二种，在法院裁定受理重整申请后，重整方案未能通过且法院未强裁通过，存在特定情形（债务人的经营状况和财产状况继续恶化，缺乏挽救的可能性；债务人有欺诈、恶意减少债务人财产或者其他显著不利于债权人的行为；由于债务人的行为致使管理人无法执行职务）并经管理人或利害关系人请求，则法院将裁定终结重整程序、宣告企业破产。此时，重整程序转化为破产清算程序。但重整程序无法转化为和解程序。一是法律上并无相关规定。二是如果重整程序也没有成功，表明债权人对于管理人根据债务人的资产负债情况提出的重整方案并不认可，也就没有必要再向和解程序转化，债权人势必不会认可债务人的和解方案。

对于和解，也有两种可能性。第一种，自法院裁定受理和解申请后，债务人和债权人达成和解，那么企业债务将根据和解方案执行，债务得到减免或者延期等处理。第二种，在法院裁定受理和解申请后，和解协议草案经债权人会议表决未通过，或者已经债权人会议通过的和解协议未获得法院认可的，法院应当裁定终止和解程序，并宣告债务人破产。此时，和解程序转化为破产清算程序。但和解程序也无法转化为重整程序，原因与上面重整程序无法转化为和解程序相同。

实务建议

困境资产和破产问题密切相关，尤其在困境资产的处置过程中，若困境资产的所有人因资不抵债而自行或被申请破产，将对困境资产的利益相关方产生影响。

对于金融机构，由于融资方以困境资产向金融机构提供抵押担保，金融机构享有抵押权，根据《企业破产法》的规定，金融机构的抵押权将得以优先受偿。故，金融机构的优先债权一般得到优先清偿，但在处置困境资产过程中究竟能够收回多少融资及成本则需视处置情况而定。

对于困境资产所有人的其他普通债权人，如被欠付运营管理费的资产服务机构，根据《企业破产法》的规定，普通债权需在破产费用，共益债务，优先债权，欠付职工的工资和医疗、伤残补助、抚恤费用，所欠的应当划入职工个人账户的基本养老保险、基本医疗保险费用、应当支付给职工的补偿金，以及税款后按比例支付。故，对于普通债权人能够最终得到偿付的金额基本上会较低。

当然，实践中也有很多更特殊的情况，如困境资产是烂尾项目，还将牵涉施工单位的建设工程优先受偿权、购房人优先权等其他优先权。对此，需要在实际评估及认定方面予以更多关注。

问题19 终结执行与终结本次执行有何不同?

我们在执行裁定中经常见到“终结执行”和“终结本次执行”，二者之间有何不同？我们来一探究竟。

法条链接

《民事诉讼法》（2023 修正）

第二百五十条 申请执行的期间为二年。申请执行时效的中止、中断，适用法律有关诉讼时效中止、中断的规定。

前款规定的期间，从法律文书规定履行期间的最后一日起计算；法律文书规定分期履行的，从最后一期履行期限届满之日起计算；法律文书未规定履行期间的，从法律文书生效之日起计算。

第二百六十八条 有下列情形之一的，人民法院裁定终结执行：

（一）申请人撤销申请的；

（二）据以执行的法律文书被撤销的；

（三）作为被执行人的公民死亡，无遗产可供执行，又无义务承担人的；

（四）追索赡养费、扶养费、抚养费案件的权利人死亡的；

（五）作为被执行人的公民因生活困难无力偿还借款，无收入来源，又丧失劳动能力的；

（六）人民法院认为应当终结执行的其他情形。

《最高人民法院关于适用〈中华人民共和国民事诉讼法〉的解释》（2022修正）

第五百一十七条　经过财产调查未发现可供执行的财产，在申请执行人签字确认或者执行法院组成合议庭审查核实并经院长批准后，可以裁定终结本次执行程序。

依照前款规定终结执行后，申请执行人发现被执行人有可供执行财产的，可以再次申请执行。再次申请不受申请执行时效期间的限制。

第五百一十八条　因撤销申请而终结执行后，当事人在民事诉讼法第二百四十六条规定的申请执行时效期间内再次申请执行的，人民法院应当受理。

《最高人民法院关于严格规范终结本次执行程序的规定（试行）》

第一条　人民法院终结本次执行程序，应当同时符合下列条件：

（一）已向被执行人发出执行通知、责令被执行人报告财产；

（二）已向被执行人发出限制消费令，并将符合条件的被执行人纳入失信被执行人名单；

（三）已穷尽财产调查措施，未发现被执行人有可供执行的财产或者发现的财产不能处置；

（四）自执行案件立案之日起已超过三个月；

（五）被执行人下落不明的，已依法予以查找；被执行人或者其他人妨害执行的，已依法采取罚款、拘留等强制措施，构成犯罪的，已依法启动刑事责任追究程序。

参考案例

某船舶公司与铂某酒店、汇某酒店租赁合同纠纷执行复议案[①]

某船舶公司与铂某酒店、汇某酒店房屋租赁合同纠纷一案，武汉仲裁委员会作出的裁决已经发生法律效力，裁决主要内容为：(1) 确认某船舶公司与铂某酒店、汇某酒店签订的租赁合同及相关补充协议已经于2021年4月13日解除；(2) 铂某酒店、汇某酒店于裁决书送达次日起10日内腾退案涉房屋；(3) 铂某酒店、汇某酒店按189638.34元/月的标准向某船舶公司支付自2021年5月1日起至腾退之日止的租金；(4) 铂某酒店、汇某酒店向某船舶公司支付拖欠的租金与代付水电费（抵扣租赁与水电费保证金后）共计2926040.22元；(5) 铂某酒店、汇某酒店向某船舶公司支付违约金208536.93元；(6) 向某船舶公司支付律师费80000元、保全费5000元；(7) 驳回某船舶公司的其他仲裁请求；(8) 本案仲裁费167503元，由某船舶公司承担33500.6元，铂某酒店、汇某酒店承担134002.4元。鉴于本案仲裁费已由某船舶公司预交，铂某酒店、汇某酒店应将其承担的仲裁费用连同上述裁决第（3）、（4）、（5）、（6）项中的款项于本裁决书送达次日起10日内一并支付给某船舶公司。因铂某酒店、汇某酒店未履行生效裁决确定的义务，某船舶公司向武汉市中级人民法院申请强制执行，武汉市中级人民法院于2022年1月10日依法立案执行。

因汇某酒店向武汉市中级人民法院申请撤销仲裁裁决，武汉市中级人

① 湖北省高级人民法院（2023）鄂执复314号执行裁定书。

民法院于2022年4月14日作出（2022）鄂01执82号执行裁定，终结本案执行。2022年6月15日，武汉市中级人民法院作出（2022）鄂01民特142号民事裁定，驳回汇某酒店的撤裁申请。2022年7月6日，武汉市中级人民法院恢复本案执行。

武汉市中级人民法院于2023年6月26日作出执行裁定认为，关于强制腾退涉案房屋，其一，腾退是本案仲裁裁决解除合同的一个法律后果，执行标的物系经过较大投资装修的酒店，腾退必然涉及装修如何处置，执行依据没有明确装修如何处置，暂不符合腾退条件。其二，从优化营商环境的角度，按照裁决内容，对实际腾退完成之前的占用费，有明确的计算依据，金钱债务有执行的机会。而若强制腾退则将对铂某酒店、汇某酒店造成不可逆的损失，对双方权利保护失衡。其三，铂某酒店、汇某酒店对于装修损失已另行诉讼，可待另案判决结果再决定腾退与否。故此，涉案标的物暂不具备强制腾退条件。铂某酒店、汇某酒店名下银行账户存款已依法冻结并扣划，扣除执行费后剩余案款640276.01元已发还某船舶公司。现铂某酒店、汇某酒店名下确无其他可供执行的财产，某船舶公司的剩余债权暂无法实现，本案依法应当退出执行程序。依照《最高人民法院关于适用〈中华人民共和国民事诉讼法〉的解释》第五百一十七条的相关规定，裁定终结武汉仲裁委员会裁决的本次执行程序。

武汉市中级人民法院认为，某船舶公司异议的执行行为实为签署关于终结本次执行程序的执行裁定，对于某船舶公司冻结、扣留汇某酒店的经营收入，强制铂某酒店、汇某酒店腾退案涉房屋的请求，则不属人民法院执行异议的审查范围，不予审查，或属于某船舶公司对关于终结本次执行程序的执行裁定异议成立后本案继续执行的应有之义。故只审查关于终结本次执行程序的执行裁定是否应予撤销。

根据武汉仲裁委员会裁决，本案有两项执行内容，一是对铂某酒店、汇某酒店腾退案涉房屋，二是对铂某酒店、汇某酒店租金等金钱债务的执行。本案是否应当终结本次执行程序应审查上述两项执行内容是否已穷尽执行措施。

关于房屋腾退的执行。腾退的执行涉及装修的处置，由于武汉仲裁委员会裁决没有明确装修如何处置，执行中不宜直接作出认定，否则，系以执代审。武汉仲裁委员会裁决书裁决应当腾退案涉房屋，该执行内容文义虽然不存在歧义，但执行行为与铂某酒店、汇某酒店财产权利有牵连，在铂某酒店、汇某酒店关于案涉房屋装修损失的诉讼未决之前，该损失不可预知。故武汉市中级人民法院关于终结本次执行的执行裁定认为暂不符合腾退条件，符合法律规定。某船舶公司异议称，关于装修损失的实体权利义务争议，已经另案诉讼，本案执行内容明确，不受另案审理结果的影响，不应停止对本案腾退的强制执行。既不符合客观事实，又没有法律依据，该理由不予采纳。

关于金钱给付问题。武汉市中级人民法院通过网络查控系统向金融机构、车辆登记部门、证券机构、网络支付机构、自然资源部等发出查询通知，查询铂某酒店、汇某酒店名下财产，未查询到可供执行的财产。某船舶公司异议称，汇某酒店营业收入由另一酒店收取，导致汇某酒店没有能力偿还债务。可由武汉市中级人民法院在终结执行期间继续予以核查，如查明汇某酒店存在转移财产，逃避执行的行为，除责令汇某酒店追回非法转移的财产外，并依法追究相关人员的法律责任。就本次执行而言，已穷尽财产调查措施，终结本次执行程序并无不当。

依照《民事诉讼法》第二百三十二条、《最高人民法院关于人民法院办理执行异议和复议案件若干问题的规定》第十七条第一项之规定，裁定驳回某船舶公司的异议。

对此，某船舶公司向湖北省高级人民法院申请复议。湖北省高级人民法院认为，本案争议焦点是：第一，本案终结本次执行程序是否合法。第二，武汉市中级人民法院异议审查程序是否违法。

第一，关于本案终结本次执行程序是否合法问题。根据案涉仲裁裁决项，本案执行内容是被执行人腾退案涉房屋和支付租金。因铂某酒店、汇某酒店向某船舶公司主张案涉房屋装饰装修损失，铂某酒店已另行提起相关诉讼，目前该案判决尚未生效。武汉市中级人民法院认为案涉房屋装修损失诉讼未决之前，该损失不可预知，案涉房屋暂不具备腾退条件并无不当。武汉市中级人民法院通过网络查控系统向金融机构、车辆登记部门、证券机构、网络支付机构、自然资源部门等发出查询通知，未查到铂某酒店、汇某酒店名下有可供执行的财产。武汉市中级人民法院综合上述情况，裁定终结本案本次执行程序，并不违反《最高人民法院关于严格规范终结本次执行程序的规定（试行）》的相关规定。

第二，关于本案异议审查程序是否违法问题。针对某船舶公司称武汉市中级人民法院遗漏其提出冻结、扣留汇某酒店财产和强制腾退房屋的异议请求，武汉市中级人民法院异议审查认为，在终结本次执行程序期间，该院应当继续核查汇某酒店营业收入是否由另一酒店收取而导致汇某酒店没有能力偿还债务，如查明汇某酒店存在转移财产，逃避执行的行为，除责令汇某酒店追回非法转移的财产外，并依法追究相关人员的法律责任。案涉房屋是否腾退问题，武汉市中级人民法院亦予审查处理。故武汉市中级人民法院并未遗漏异议请求。武汉市中级人民法院异议审查在法定期限内审结，听证程序并非异议审查必经程序，武汉市中级人民法院根据本案具体情况，未举行听证并不影响当事人诉讼权利的正常行使。故，武汉市中级人民法院异议审查程序并不违法。

理论分析

（一）终结执行

从《民事诉讼法》第二百六十八条的规定看，导致终结执行的原因包括申请人主动撤销及存在特定情形两大类。其中，申请人主动撤销，由于执行是由申请人提起的，法律也当然赋予申请人撤销的权利。特定情形包括以下几种具体情形：据以执行的法律文书被撤销的；作为被执行人的公民死亡，无遗产可供执行，又无义务承担人的；追索赡养费、扶养费、抚养费案件的权利人死亡的；作为被执行人的公民因生活困难无力偿还借款，无收入来源，又丧失劳动能力的。

出现上述导致终结执行情形时，人民法院应当出具裁定。该终结执行裁定所产生的效果包括执行程序宣告终结以及为执行而采取的执行措施应当解除。终结执行的这两个效果在时间上体现为前后相继性。出现前述导致终结执行的情形，使得申请执行人申请执行的目的客观上已不再可能，执行程序再进行下去已失去意义，故只能由人民法院裁定终结执行。在实践中，如果人民法院对于已经出现终结执行情形的执行案件仍然继续执行，也是对司法资源的极大浪费。而当人民法院已经裁定终结执行后，为了保障可供执行而采取的诸如查封、扣押、冻结、拍卖、变卖等执行措施及纳入失信被执行人名单、限制消费等惩戒措施，原则上也应当予以解除，因此在终结执行情况下，这些执行措施已经失去其保障的意义。但也存在一些特殊情形，如债权未全部实现时申请执行人撤回申请而终结执行，或执行当事人达成长期履行的执行和解协议后终结执行。此时，由于后续申请执行人仍有再申请执行的可能，故对于执行措施及惩戒措施可不予以解除。

根据《最高人民法院关于适用〈中华人民共和国民事诉讼法〉的解释》（2022修正）第五百一十八条的规定，因撤销申请而终结执行后，当事人在申请执行时效期间内再次申请执行的，人民法院应当受理。该条规定也说明终结执行并不意味着申请执行人无法再申请执行。例如，因作为被执行人的公民死亡，无遗产可供执行，又无义务承担人，而终结执行的，此后又出现了可供执行的遗产或义务承担人，申请执行人可再向人民法院申请执行；作为被执行人的公民因生活困难无力偿还借款，无收入来源，又丧失劳动能力，而终结执行的，此后因生活条件得到改善而能够执行的，申请人也可再向人民法院申请执行。

（二）终结本次执行

对于终结本次执行进行较为全面规定的是《最高人民法院关于严格规范终结本次执行程序的规定（试行）》。人民法院若裁定终结本次执行，应同时满足该规定第一条所规定的五种条件。并且，在终结本次执行程序前，人民法院应当将案件执行情况、采取的财产调查措施、被执行人的财产情况、终结本次执行程序的依据及法律后果等信息告知申请执行人，听取其对终结本次执行程序的意见。若当事人、利害关系人认为终结本次执行程序违反法律规定，可提出执行异议。

在终结本次执行程序后，若申请执行人发现被执行人有可供执行财产的，可申请恢复执行，申请恢复执行不受申请执行时效期间的限制；若发现被执行人有可供执行财产，不立即采取执行措施可能导致财产被转移、隐匿、出卖或毁损的，执行法院可依申请执行人申请或职权立即采取查封、扣押、冻结等控制性措施。终结本次执行程序后的5年内，执行法院应当每6个月通过网络执行查控系统查询一次被执行人的财产，并将查询结果告知申请执行人。

此外，终结本次执行程序后，人民法院已对被执行人依法采取的执行措施和强制措施继续有效。申请执行人申请延长查封、扣押、冻结期限的，人民法院应当依法办理续行查封、扣押、冻结手续。

综上，终结本次执行被视作一种可以恢复执行的终结执行或者某种程度上的“执行中止”，但又与执行中止不同。

（三）终结执行与终结本次执行的区别

终结执行与终结本次执行的区别可以归纳为如下几点。

第一，适用条件不同。《民事诉讼法》第二百六十八条规定的终结执行的适用条件主要是导致执行已不再可能的几种情形，而《最高人民法院关于严格规范终结本次执行程序的规定（试行）》第一条规定的终结本次执行的适用条件主要是导致暂时无法执行的几种情形。

第二，法律效果不同。对于终结执行，虽然并不排除特殊情形下再次申请执行，但并不否定终结执行意味着执行程序的终结。对于终结本次执行，并不意味着终结程序的终结，仅因暂时无法执行而终结了本次执行程序，一旦申请执行人或人民法院发现被执行人有可供执行财产，应当立即恢复执行。

第三，执行措施是否解除不同。对于终结执行，原则上执行措施应予解除；对于终结本次执行，执行措施并不解除，且申请执行人有权申请对执行措施进行延期。

第四，人民法院参与程度不同。对于终结执行，由于执行程序已终结，人民法院作结案处理，除非符合法律规定的特殊情形，人民法院不会再恢复执行。对于终结本次执行，人民法院在作出裁定前不仅要征询申请执行人的意见，而且在作出裁定后要定期通过网络执行查控系统查询被执行人的财产并告知申请执行人结果；若法院发现了被执行人有可供执行的财产，还应立即恢复执行。可见，在终结本次执行程序中，人民法院应当发挥其主动性，维护申请执行人的合法权益。

实务建议

具体到困境资产，执行程序终结和终结本次执行对于申请执行人具有重要的影响，申请执行人往往以困境资产的所有人为申请执行对象。困境资产往往被采取抵押、查封等措施，对其采取执行措施并不存在争议和难点。但在困境资产以外，如何能够发现被执行人的其他财产则至关重要。对此我们已在本书“如何调查债务人财产”一节中详细论述。

一旦人民法院针对执行作出执行程序终结或终结本次执行程序的执行裁定，作为申请执行人，为了保障自身的合法权益，可以采取相应的救济措施，包括执行异议、复议等。

第三部分　困境资产尽职调查及交易关注要点

尽职调查在实务工作中十分重要。尽职调查的目的在于通过调查了解基础事实情况，结合交易安排，研究了解基础事实情况可能给交易安排带来何种影响或风险，以及能否采用某些措施避免或降低风险。实践中有这样的倾向，即交易安排更重要，尽职调查就是通过中介机构走过场、走形式。在经济形势较好、市场主体都在不断做增量时，增量就能够消化大量潜在争议纠纷，即便尽职调查不充分，风险也未必充分暴露，这是尽职调查作用未被充分重视的重要原因。在经济下行或不确定因素增加、市场主体无法做增量时，争议纠纷无法得到消化，此时，通过尽职调查充分揭示风险就非常必要。

问题20 困境资产尽职调查有哪些重点关注方面？

中介机构往往安排初级人员负责尽职调查的具体工作，故给人以尽职调查比较初级或容易之感。但事实并非如此，尽职调查的事项琐碎，但并不简单；尽职调查的流程固定，但并不容易。尽职调查需根据具体情况而研究的相关问题可能对交易产生重大影响。在进行资产交易、股权交易或轻资产管理服务交易中，尽职调查所重点关注的方面会有所不同，需根据交易安排而定，这也同样需要尽职调查相关人员充分掌握交易安排，以便因势利导、有所侧重。

就普遍意义而言，针对困境资产，由于困境资产主要是以商场、写字楼、综合体或一些烂尾项目为主，我们认为尽职调查中应重点关注如下相关问题。

一、公司基本情况

（一）基本信息

基本信息主要是指公司的名称、统一社会信用代码、法定代表人、公司类型、注册资本、成立日期、营业期限、登记机关、注册地址、经营范围等。基本信息主要依赖于交易对手提供的公司最新版本营业执照。同时可以依赖如国家企业信用信息公示系统等官方网站进行核对，以判断营业执照是否为最新版本及其记载是否属实。此外，各地的市场监管部门也可能有相应的企业信息查询系统，可以一并查询，多重核实。

（二）股东情况

股东情况重点是了解公司的投资人情况，包括股东名称、认缴及实缴出资情况、所持股权比例等。对于股权情况，是否存在股权代持是值得注意的。如果存在股权代持，应当重点审核其代持协议。由于真正的权利人为被代持方，那么拟进行的交易，尤其是在股权交易的情况下，应当取得被代持方的同意，否则可能为交易埋下争议的隐患。

（三）设立和变更情况

公司的设立和变更情况，一方面可以由交易对方配合前往市场监管部门调取公司的设立登记和变更登记工商档案，这些档案能够展示公司设立和历次变更的基本情况及所提交的相关文件。另一方面也可以通过查询国家企业信用信息公示系统或者第三方网站等，该等网站已经对历次变更情况进行了整理。为谨慎起见，建议采取前往市场监管部门调取工商档案的方式，能够更准确地完成对公司设立及变更情况的梳理。

（四）组织架构

组织架构主要是指公司的股东会（股东）、董事会（董事）等。了解公司的组织架构，主要根据交易对方的信息披露及最新版本公司章程。公司章程对于股东会（股东）、董事会（董事）等的职权有相应的规定，有助于我们判断拟进行的交易需要从公司决策流程层面取得何种决议或者决定。

（五）股权质押、冻结等权利限制

对于股权交易，标的股权是否存在质押或者冻结等权利限制至关重要，因为标的股权在存在质押或者冻结的情况下，无法进行转让，必须在转让前将股权解除。

（六）对外投资

在股权交易的情况下，这里的对外投资是指标的公司的对外投资情况。对外投资也属于标的公司的资产，尤其是对外投资公司还有实质的经营业务时更是如此。但由于拟进行的交易往往只是针对目标公司，因此买方往往要求将不纳入交易的对外投资剥离掉，尽量让交易的标的简单化，避免产生预期之外的风险和问题。

二、项目

（一）拆迁

地产项目难免会涉及拆迁，尤其是作为受让人更应当关注项目曾经是否存在拆迁问题，因为拆迁涉及补偿，如果这种补偿需要由项目公司承担，或者由相关协议转嫁给项目公司最终承担，那么拆迁的补偿事宜是否处理完毕就直接关系到交易价款的商定或者买方在交易完成后通过项目公司间接承继了拆迁补偿负债。

除了房屋拆迁，一些公共设施的挪移也值得关注。比如，某些项目地块涉及高压塔等的挪移，挪移工作不仅涉及费用的问题，也涉及与相关行政部门的沟通。如果挪移工作不能如期进行，不仅项目的推进会受到影响，项目价值也必将受到影响。

（二）立项

项目的立项一般分为项目核准和项目备案两种主要方式。立项文件是项目开发建设过程中所必需的，为此，交易对方应当提供立项文件。此外，需要关注的是立项文件的有效期限，以及项目开发建设与立项文件的有效期是否匹配。例如，对于需核准的项目，建设单位应当在 2 年内开工建设；如需延期，只能延期一次，期限不得超过 1 年。

（三）土地使用权相关合同

土地使用权相关合同的审查是对地产项目尽职调查的一项重要内容。原因在于在目前土地二元划分的情况下，项目公司仅能取得项目的土地使用权，所以土地使用权的取得是项目能够开发建设的根本前提。

关于土地使用权的取得方式包括很多种，如公开出让方式取得、协议出让方式取得、划拨方式取得、转让方式取得，其中以公开出让方式取得最为主要和常见。不同的取得方式所应关注的点也会有所区别。

对于公开出让即政府通过公开招拍挂的方式发出公告，各意向方均可以在符合公告要求的情况下参与招拍挂。如果最终摘牌，那么政府会向项目公司发出中标通知（或者其他类似的通知摘牌的通知）。因此，对于通过公开出让方式取得的土地使用权，首先就应当审查其中标通知书。其次主要是审查项目公司与国土部门签署的国有土地使用权出让合同。重点的审核内容是宗地面积，土地用途，土地使用权出让年限，土地出让金价款及支付，土地使用权的转让、出租、抵押要求和限制，动工时间要求，竣工时间要求，违约责任，争议解决方式，以及其他出让合同约定的特殊事项。再次是土地出让金及契税的缴纳凭证。这是必须核查的范围，正常情况下较容易核查清楚。同时，关于契税，有的地方适用4%的税率，有的地方适用3%的税率，对此也应予以关注。最后就是不动产权证书和不动产登记证明。如果项目还在开发建设的阶段，那么其不动产权证书上只有土地的相关信息。对于这些权属证明的查证及核实原件，能够更好地确认项目公司持有土地使用权。此外，谨慎起见，仍有必要前往项目所在地的不动产登记部门核实土地相关信息，并确认有无抵押、查封等限制性权利。某些项目的尽职调查中介机构由于时间紧张而忽略了权属核实这一关键步骤，不仅导致了自身信誉度的降低，也实质增加了交易可能存在的风险。

对于协议出让的方式，和上面公开出让的关注点基本一致，唯一的区别就在于出让的具体方式。而实际上现在通过协议出让方式取得土地使用权的案例已经非常少了。

对于划拨方式取得土地使用权，出现在并购交易中比较少见。首先，根据相关规定，不能未经有权机构的审批而直接将划拨土地对外进行转让或者出租，且转让或出租的所得应当补缴对应的土地出让价款，所以划拨土地除非经过必要的审批外，一般不会出现在并购交易中。其次，在划拨情形下，应当着重审核《国有土地划拨决定书》《土地使用权划拨合同》及国有土地使用证等相关文件，具体的审查内容可以参照上面的公开出让有关内容。

对于转让方式取得土地使用权，被尽职调查的项目公司处于受让人的位置，重点要审查原出让或者划拨合同、转让合同、不动产权证书及不动产登记证明等这些文件，并据此判断转让土地使用权时是否满足土地使用权转让的条件、转让价款是否支付完成、土地使用权是否已登记到项目公司名下等各种问题。

由于项目情况不同，项目所在地的政策也有所不同，甚至项目比较久远，因此对于土地使用权的审查务必要戒骄戒躁，在充分调研和核实的基础上，才能发现有价值的问题并提出相应建议。

（四）单项审批

所谓单项审批，一般是指项目在规划阶段面临的诸如环保审批、消防审批、交通影响评价、人防审批、文物保护审批、超限高层建筑防震审批、树木伐移审批、地质灾害审批、防雷设计审批等。

对于单项审批，一方面要着重审核相关单项审批是否实际存在，即审批的有无，这关系项目的审批完备性问题；另一方面要进一步审核相关审批是否存在某些限制性要求及有效期等，并比对项目的实际情况看是否存在出入。

（五）“五证”

“五证”是房地产开发建设中至关重要的五个节点，分别对应建设用地规划许可证、国有土地使用证、建设工程规划许可证、建筑工程施工许可证和预售许可证。对于某些无法销售的项目，当然也不存在预售许可证，仅是指前四证。

对于建设用地规划许可证，其取得时间一般在取得国有土地使用证前，尽职调查中应重点比对其取得的时间及证载相关信息是否与项目情况一致。

对于国有土地使用证，重点是核查其证载信息是否与土地出让或划拨合同等情况一致。此外，国有土地使用证的附记栏中也可能记载一些与土地有关的重要事项，如抵押情况等。因此，作为土地使用权的权属证明，国有土地使用证的审核至关重要。

对于建设工程规划许可证，不仅该证的本身证载情况重要，而且该证的附件同样重要。尤其是附件会记载项目的详尽规划指标，这对于判断项目后续的开发建设是否满足规划条件是极为重要的参考。

对于建筑工程施工许可证，其重要性在于，一方面，项目只有在取得施工许可以后才能进行开发建设，否则，可能存在涉嫌未取得施工许可即开发建设将存在行政处罚的风险；另一方面，施工许可证的取得及项目开工时间还和土地出让合同或划拨合同中约定的相关动工要求直接相关，也需要审查是否存在逾期开工等问题。

对于预售许可证，则需要审核其取得时间和实际销售的时间是否相符。未取得预售许可，不得进行任何预售活动。

（六）竣工验收备案

根据要求，竣工验收完成后即需要进行竣工验收备案。建设单位应当自工程竣工验收合格之日起 15 日内，向工程所在地的县级以上地方人民政府建设主管部门备案。对此，需要逐一核实，项目是否完成了各单项验收（如消防验收、人防验收、防雷验收、规划验收、档案预验收等）及五方验收（建设单位、勘察单位、设计单位、施工单位、监理单位）。在完成前述验收工作后，即应申请进行竣工验收备案。这个阶段，应着重核查是否完成了相关验收和备案工作，以及是否存在相关保留意见。

（七）销售

对于项目房产的销售，如果涉及，那么应关注：第一，收集销售台账，掌握已销售的房产相关情况，包括但不限于房号、面积、房款金额、已收款金额、未收款金额等，以便明确项目通过销售剩余房源及收取剩余未收款还能回收多少资金等；第二，收集销售合同，销售合同中可能有项目公司的相关限制性或者义务性的约定，需要审核是否会给交易买方带来相关潜在风险；第三，如尚未进行正式销售，是否签署了相关意向协议或认购协议，是否收取了相关款项；第四，土地出让合同、划拨合同或相关协议、法律法规规定是否限制项目的对外销售。

三、物业管理

物业管理有几个方面尤其值得关注。

第一是物业服务阶段，是前期物业服务阶段，还是后续一般物业服务阶段。通过收集物业服务合同，可以对此有效判断，并分析项目公司享有的权利及应承担的义务。

第二是项目是否属于独立的物业管理区域。如果是，则需进一步判断该区域内是否只有项目公司一个业主，抑或还存在其他业主；如果不是，则需要进一步明确物业管理区域的范围还包括其他哪些业主。这一分析的目的是能够明确项目公司是否对于物业管理区域内的物业管理事务具有决定权。《民法典》规定，业主共同决定事项，应当由专有部分面积占比 2/3 以上的业主且人数占比 2/3 以上的业主参与表决。对筹集建筑物及其附属设施的维修资金，改建、重建建筑物及其附属设施，以及改变共有部分的用途或者利用共有部分从事经营活动的，应当经参与表决专有部分面积 3/4 以上的业主且参与表决人数 3/4 以上的业主同意；对于其他业主共同决定事项，应当经参与表决专有面积过半数的业主且参与表决人数过半数的业主同意。

第三是通过公开途径查询或者房管科问询等方式，确定登记物业服务单位与交易卖方披露的物业服务单位是否一致，避免存在转委托或者其他不利于交易买方情况的存在。

四、人员

在交易买方完成股权交易后，将间接通过项目公司承接员工，这就涉及项目公司与员工签署的劳动合同、劳务合同，在相关合同项下的权利义务，以及缴纳社保和公积金的相关义务等。正因为如此，所以在尽职调查过程中摸清项目公司的员工情况，能够为交易买方最终决定是否保留员工提供基础事实情况的支撑。

五、诉讼仲裁

对于股权交易而言，审查目标公司所涉及的诉讼仲裁情况至关重要。这是因为如果存在未决的诉讼和仲裁，对于买方而言可能在交易后形成新的负债，尤其是目标公司作为被告或者被申请人的情况下，不论所涉及的法律关系多么简单，都很难准确判断法院或者仲裁机构最终会作何裁判。即便是目标公司作为原告或者申请人的情况下，同样值得关注，因为交易后，目标公司由买方间接持有，对于该等诉讼或仲裁，就需要投入相应的精力，并不排除和被告或者被申请人之间形成新的进一步的纠纷。

是否存在未决仲裁通过公开途径是无法查询的，仲裁裁决或相关流程都不会公示，这也是很多机构倾向于仲裁的原因之一。所以，对于仲裁，主要还是依赖于交易对方的披露。

是否存在未决诉讼和执行案件通过公开途径是可以查询的，如通过中国裁判文书网，一些高级人民法院也会提供查询所在地区的诉讼案件，但是并非所有的裁判文书都可以通过公开途径查询到，且可能存在公示不及时的情况。所以，对于诉讼、执行案件，一方面可以自行查询，另一方面也要依赖于交易对方的披露。前者也可以作为对后者的一种验证。

六、资产

关于资产，一般从固定资产和知识产权两个维度调查。前者包括除了房地产项目以外的相关资产，如打印机、办公设备等，项目公司一般有相应的固定资产台账。后者主要包括著作权、商标、专利、实用新型等。

对于资产的调查，基本不涉及法律问题的判断，重点在于对相关资料的收集和对相关情况的核实，如对于相关知识产权，就可以通过国家知识产权局综合服务平台或者中国商标网等途径进行核实，以判断是否存在过期等情况。

七、保险

关于保险，即项目公司或者其他方为项目、资产（如汽车）或员工提供了哪些保险，相关保险的被保险人、受益人、保险金额、保费缴纳情况等。同时，还需要对相关保险单及保险缴费凭证等进行核实。

八、重大债权债务及担保

重大债权债务及担保是尽职调查的一个重要方面。债权情况较容易理解，如果目标公司存在对外债权，那么对于买方而言，在交易完成后还可能有债权入账，则相应体现在交易价款上就可能更多一些。当然，也存在债权是否能够如约收回的问题。

对于债务，在交易完成后将由目标公司承继，如此的话，相当于成了一笔负债，需要买方明确承继债务金额、债务人、债务期限等具体的情况。此外，债务相关合同中往往对于作为债务人的目标公司有一系列的限制性约定，如目标公司进一步融资需要取得债权人同意等。这些限制性的约定也非常重要，需要在审核有关债务合同时着重留意。

对于担保情况，进一步可以分为目标公司为自己的债务提供的担保和目标公司对外提供的担保两类；同时，担保又进一步包括抵押、质押、保证和其他具有担保性质的义务等类型。对此，首要的仍是收集相关的合同，了解担保合同的债务人、债权人、担保人、担保期限、担保类型及担保合同的限制性约定等。担保合同尤其是银行作为债权人的担保合同，可能会要求担保人不得在未经债权人同意的情况下提供新的担保或者进行新的融资等，这类问题均需要在审核合同时着重留意，并据此提示相关风险。

九、重大合同

目标公司一般针对合同都建立合同台账。对台账的收集是第一步。接下来需要做的是对台账进行筛选。一是确定重大合同的金额标准；二是区分已签署已履行完毕的合同和已签署但未履行完毕的合同。后者由于还有未履行的内容，对于并购交易而言属于一种负债，故需要重点审查。

十、税务

对于税务方面的尽职调查主要目的是了解目标公司所涉及的税种及税率。在某些情况下，目标公司可能存在一定的税收优惠。这类优惠的原因及期限、优惠幅度等，均是了解的对象。

问题21 如何有效判断是否存在土地闲置？

土地闲置问题在针对困境资产的法律尽职调查过程中是非常重要的问题，因为土地闲置可能涉及缴纳土地闲置费，甚至被收回土地。缴纳土地闲置费仅是增加开发建设成本的问题，一旦被收回土地则意味着高额损失，项目也成了无源之水、无本之木，而不复存在了。

法条链接

《土地管理法》（2019修正）

第三十八条 禁止任何单位和个人闲置、荒芜耕地。已经办理审批手续的非农业建设占用耕地，一年内不用而又可以耕种并收获的，应当由原耕种该幅耕地的集体或者个人恢复耕种，也可以由用地单位组织耕种；一年以上未动工建设的，应当按照省、自治区、直辖市的规定缴纳闲置费；连续二年未使用的，经原批准机关批准，由县级以上人民政府无偿收回用地单位的土地使用权；该幅土地原为农民集体所有的，应当交由原农村集体经济组织恢复耕种。

在城市规划区范围内，以出让方式取得土地使用权进行房地产开发的闲置土地，依照《中华人民共和国城市房地产管理法》的有关规定办理。

《城市房地产管理法》（2019修正）

第二十六条 以出让方式取得土地使用权进行房地产开发的，必须按照土地使用权出让合同约定的土地用途、动工开发期限开发土地。超过出让合同约定的动工开发日期满一年未动工开发的，可以征收相当于土地使用权出让金百分之二十以下的土地闲置费；满二年未动工开发的，可以无偿收回土地使用权；但是，因不可抗力或者政府、政府有关部门的行为或者动工开发必需的前期工作造成动工开发迟延的除外。

《城市房地产开发经营管理条例》（2020 修订）

第十五条 房地产开发企业应当按照土地使用权出让合同约定的土地用途、动工开发期限进行项目开发建设。出让合同约定的动工开发期限满1年未动工开发的，可以征收相当于土地使用权出让金20%以下的土地闲置费；满2年未动工开发的，可以无偿收回土地使用权。但是，因不可抗力或者政府、政府有关部门的行为或者动工开发必需的前期工作造成动工迟延的除外。

《闲置土地处置办法》（2012 修订）

第八条 有下列情形之一，属于政府、政府有关部门的行为造成动工开发延迟的，国有建设用地使用权人应当向市、县国土资源主管部门提供土地闲置原因说明材料，经审核属实的，依照本办法第十二条和第十三条规定处置：

（一）因未按照国有建设用地使用权有偿使用合同或者划拨决定书约定、规定的期限、条件将土地交付给国有建设用地使用权人，致使项目不具备动工开发条件的；

（二）因土地利用总体规划、城乡规划依法修改，造成国有建设用地使用权人不能按照国有建设用地使用权有偿使用合同或者划拨决定书约定、规定的用途、规划和建设条件开发的；

（三）因国家出台相关政策，需要对约定、规定的规划和建设条件进行修改的；

（四）因处置土地上相关群众信访事项等无法动工开发的；

（五）因军事管制、文物保护等无法动工开发的；

（六）政府、政府有关部门的其他行为。

因自然灾害等不可抗力导致土地闲置的，依照前款规定办理。

第十二条　因本办法第八条规定情形造成土地闲置的，市、县国土资源主管部门应当与国有建设用地使用权人协商，选择下列方式处置：

（一）延长动工开发期限。签订补充协议，重新约定动工开发、竣工期限和违约责任。从补充协议约定的动工开发日期起，延长动工开发期限最长不得超过一年；

（二）调整土地用途、规划条件。按照新用途或者新规划条件重新办理相关用地手续，并按照新用途或者新规划条件核算、收缴或者退还土地价款。改变用途后的土地利用必须符合土地利用总体规划和城乡规划；

（三）由政府安排临时使用。待原项目具备开发建设条件，国有建设用地使用权人重新开发建设。从安排临时使用之日起，临时使用期限最长不得超过两年；

（四）协议有偿收回国有建设用地使用权；

（五）置换土地。对已缴清土地价款、落实项目资金，且因规划依法修改造成闲置的，可以为国有建设用地使用权人置换其它价值相当、用途相同的国有建设用地进行开发建设。涉及出让土地的，应当重新签订土地出让合同，并在合同中注明为置换土地；

（六）市、县国土资源主管部门还可以根据实际情况规定其他处置方式。

除前款第四项规定外，动工开发时间按照新约定、规定的时间重新起算。

符合本办法第二条第二款规定情形的闲置土地，依照本条规定的方式处置。

第十三条　市、县国土资源主管部门与国有建设用地使用权人协商一致后，应当拟订闲置土地处置方案，报本级人民政府批准后实施。

闲置土地设有抵押权的，市、县国土资源主管部门在拟订闲置土地处置方案时，应当书面通知相关抵押权人。

第十四条 除本办法第八条规定情形外，闲置土地按照下列方式处理：

（一）未动工开发满一年的，由市、县国土资源主管部门报经本级人民政府批准后，向国有建设用地使用权人下达《征缴土地闲置费决定书》，按照土地出让或者划拨价款的百分之二十征缴土地闲置费。土地闲置费不得列入生产成本；

（二）未动工开发满两年的，由市、县国土资源主管部门按照《中华人民共和国土地管理法》第三十七条和《中华人民共和国城市房地产管理法》第二十六条的规定，报经有批准权的人民政府批准后，向国有建设用地使用权人下达《收回国有建设用地使用权决定书》，无偿收回国有建设用地使用权。闲置土地设有抵押权的，同时抄送相关土地抵押权人。

参考案例

五指山某旅业公司、海南省五指山市人民政府、海南省人民政府土地行政管理及行政复议再审案[1]

这是一宗涉闲置土地认定的案例，具有较强的参考意义。该案的简要事实情况如下：

2012年7月10日，五指山市政府将某宗地国有土地使用权通过挂牌方式出让给五指山某旅业公司。合同载明出让人同意在2012年7月31日前将出让宗地交付给受让人，出让人同意在交付土地时，该宗地应达到现状土地条件，出让宗地的地上青苗与地上附着物补偿完毕。受让人同意项目在2012年12月31日前开工，于2014年6月30日前竣工。

2012年8月10日，五指山某旅业公司经有关部门同意，将上述土地使

[1] 最高人民法院（2020）最高法行再112号行政判决书。

用权人变更为天某公司。

2012年11月7日、12月20日，村民就该宗地块土地补偿款及地上的青苗、鱼塘、183个坟墓等领取地上附着物补偿款。

2013年3月27日，南圣镇政府发布公告，认为该地块已经完成土地开发建设征用前期的各项准备工作，为使该项目按时开工建设，要求有关农户自公告之日起20天内做好坟墓迁移工作。

2013年11月5日，五指山市政府给天某公司颁发了土地证，土地用途为住宿餐饮用地及文体娱乐用地，其中第144号土地证面积为33535.8平方米。

2013年5月，五指山某旅业公司向五指山市政府发出请示，称因五指山市的水源地选址尚未明确，为了避免项目建设造成被动，请求等待水源地规划审批通过后再作项目调整和开发用地置换。

2013年9月3日，有关部门经讨论同意涉案土地上的酒店项目暂缓建设，待水源地规划审批通过后再作项目调整和开发用地置换，并向五指山市政府请示。

2013年9月7日，五指山市政府专题会议上通过专题会议纪要，认为如水源地规划审批通过，涉案土地的开发建设将涉及取水口保护区，出于对水源地保护和项目建设的考虑，要求天某公司在完善酒店项目方案并进行环评后，报经有关部门审核，由有关部门上报五指山市政府审议。2013年，五指山某旅业公司委托评估公司作出《五指山某项目选址可行性论证》。评估公司认为，五指山饮用水源地保护区方案没有确定，项目选址、建设均存在环境和投资风险。

2014年4月及10月，五指山某旅业公司向五指山市政府申请对项目土地进行置换。

2014年10月22日，海南省政府办公厅作出219号复函，明确涉案土地属于五指山饮用水水源保护区内。

2014 年 11 月 27 日，有关部门作出 492 号意见载明，该地块位于该市新划定的五指山河饮用水水源准保护区内，根据有关规定，该地块可适当开发建设，但项目须严格遵守《水污染防治法》《海南省饮用水水源保护条例》等法律法规。

2015 年，有关部门对闲置土地进行普查，并于同年 7 月 3 日向天某公司发出闲置土地调查通知书，要求天某公司提供涉案土地权利证明文件，同时说明涉案土地闲置的原因。

2015 年 10 月 14 日，五指山市政府作出《闲置土地认定书》及闲置土地处置听证权利告知书，认定涉案土地属于闲置土地，闲置原因为企业原因，并于同月 27 日向天某公司送达。

2015 年 11 月 13 日，有关部门组织天某公司就土地闲置认定和处置方案进行听证，天某公司陈述了涉案土地闲置的原因是五指山市政府拟在涉案土地上设立饮用水源保护区，导致涉案土地无法开发建设，但该意见未被采纳。

2015 年 11 月 27 日，五指山市政府经专题会议讨论，同意无偿收回天某公司名下土地使用权，并作出 346 号决定，认为天某公司的第 144 号土地证项下的 33535.8 平方米土地长期闲置，决定无偿收回上述土地。同时告知天某公司如不服该决定，可以在 60 日内向海南省政府申请行政复议或者在 3 个月内提起行政诉讼。

2015 年 12 月 9 日，有关部门作出《关于提供合规规划设计条件的复函》答复天某公司，请该公司依法按照土地出让合同中约定的规划控制指标进行开发建设。

2015 年 12 月 22 日，有关部门向天某公司送达了 346 号决定。天某公司收到上述决定书后不服，向海南省政府申请行政复议。

2017 年 1 月 9 日，海南省政府作出 140 号复议决定，维持了五指山市政府作出的 346 号决定。

2017 年 1 月 12 日，海南省政府通过邮寄方式向天某公司送达 140 号复议决定，因“小区无法上门，无法联系”，邮件被退回，故 140 号复议决定并未送达给天某公司。

2017 年 6 月 21 日，海南省政府再次向天某公司送达 140 号复议决定，天某公司签收人为何某，天某公司于 2017 年 7 月 3 日提起本案诉讼。

最高人民法院认为，根据土地出让合同，该宗地应在 2012 年 12 月 31 日之前开工。但至 2012 年 12 月，政府才通知要求村民领取补偿款，2013 年 3 月，南圣镇政府发布迁坟公告，在村民未领取补偿款项、未迁坟的前提下，不能认为项目已经补偿完毕，进而筹备动工开发。五指山市政府未能按照约定期限、条件交付该宗地，使项目不具备如期动工开发条件，动工开发延迟系未能完成土地交付条件造成的土地闲置，应当认定为政府原因造成。《海南省闲置土地认定和处置规定》第六条规定，实际交付土地日期不明确的，以核发土地使用权证之日起 1 年为动工开发日期。从 2013 年 11 月核发土地使用权证之日起算 1 年动工准备时间，则动工准备时间可以延长至 2014 年 11 月。

自 2013 年 9 月五指山市政府专题会议纪要给予项目评估时间起，至 2014 年 11 月作出 492 号意见明确该地划入水源准保护区、可以进行适当开发止，其间所耽误的时间，系因规划可能变动而延误，最终规划确实产生变动，行政机关亦对此作出过相应允诺，该期间应认定为属于政府原因造成。

综上，最高人民法院认为，天某公司应于 2014 年 11 月动工开发，同时，有关部门亦于 2014 年 11 月作出 492 号意见告知天某公司可动工开发，因此，无论是否扣除因政府原因造成的土地闲置时间，天某公司土地闲置时间都应从2014年11月起算，至《闲置土地调查通知书》于2015年7月发出时止，土地闲置时间未满两年。五指山市政府作出346号决定，认为第144号土地证项下土地符合无偿收回条件，认定事实不清，应当依法撤销。二审判决驳回天某公司的诉讼请求，亦属认定事实不清，适用法律、法规错误，依法应予纠正。一审判决撤销五指山市政府作出的346号决定及海南省政府作出的140号复议决定，处理结果并无不当。

理论分析

（一）闲置土地针对的土地使用权类型

闲置土地，是指国有建设用地使用权人超过国有建设用地使用权有偿使用合同或者划拨决定书约定、规定的动工开发日期满一年未动工开发的国有建设用地。

我国是国有和集体土地使用权二元划分，闲置土地仅针对国有建设用地使用权，具体表现为国有建设用地使用权出让或者划拨。对于有偿出让，既可以是协议出让，也可以是“招拍挂”；对于划拨，则为无偿划拨。但《闲置土地处置办法》第三十一条也规定，集体所有建设用地闲置的调查、认定和处置，参照本办法有关规定执行，表明集体所有建设用地也存在被认定为闲置土地的可能。

（二）认定土地闲置的情形

认定土地闲置主要包括两类情形。一类是国有建设用地使用权人超过国有建设用地使用权有偿使用合同或者划拨决定约定、规定的动工开发日期满一年未动工开发；另一类则是已动工开发但开发建设用地面积占应动工开发建设用地总面积不足 1/3 或者已投资额占总投资额不足 25%，中止开发建设满一年。简言之，第一类针对的是自始未动工的情形，第二类针对的是已动工但中止开发的情形，具体表现为开发建设用地面积不足和投资额不足。

针对上述第一类情形，重点在于判断项目应动工的时间。只有正确认定应动工时间，才能进而判断一年未动工或两年未动工的届满时间点。

针对上述第二类情形，需提示的是，在法律尽职调查过程中，尽管某项目已动工，但仍不宜排除被认定为闲置土地的可能，应进一步核实应开发面积及已开发面积、投资额、中止开发的时间等因素。例如，在《闲置土地认定书》（穗规划资源闲认〔2021〕13 号）中，广州市规划和自然资源局天河区分局认为："宗地存在超过约定的动工开发日期满一年未动工开发建设的情况。我局根据调查结果和《闲置土地处置办法》（国土资源部第 53 号令）、《广州市闲置土地处理办法》（2020 年修订）的规定，认定上述宗地为闲置土地，闲置原因包括军事管制（空军限高）、企业自身原因。其中因军事管制（空军限高）因素影响闲置时间为 2009 年 6 月，累计 1 个月；因你单位自身因素影响造成闲置时间为 2007 年 3 月起至 2009 年 5 月、2009 年 7 月起至 2018 年 3 月，累计约 132 个月。上述共计超过动工开发期限已满 11 年 1 个月，应按照《中华人民共和国城市房地产管理法》（2019 修正）、《闲置土地处置办法》（国土资源部第 53 号令）、《广州市闲置土地处理办法》（2020 年修订）的有关规定进行处置。"①

（三）土地闲置的调查程序及认定

市、县国土资源主管部门发现有涉嫌构成闲置土地的，应当在 30 日内

① 《闲置土地认定书（穗规划资源闲认〔2021〕13 号）》，载广州市规划和自然资源局网站，https://ghzyj.gz.gov.cn/ywpd/tdgl/tdgltzgg/xztdxx/content/post_7829577.html，最后访问时间：2025 年 7 月 10 日。

开展调查核实，向国有建设用地使用权人发出《闲置土地调查通知书》。故，收到《闲置土地调查通知书》并非最终的调查认定结论，而仅仅是启动调查的开始。对此，市、县国土资源主管部门可以询问当事人及其他证人，现场勘测、拍照、录像，查阅、复制与被调查人有关的土地资料，要求被调查人就有关土地权利及使用问题作出说明等。

在具体的调查中，导致土地闲置的原因包括政府、政府有关部门原因，自然灾害等不可抗力原因或企业原因等。构成闲置土地的，市、县国土资源主管部门应当向国有建设用地使用权人下达《闲置土地认定书》。不同的原因将导致不同的调查认定结果。

政府、政府有关部门原因包括：(1) 因未按照国有建设用地使用权有偿使用合同或者划拨决定书约定、规定的期限、条件将土地交付给国有建设用地使用权人，致使项目不具备动工开发条件的。(2) 因土地利用总体规划、城乡规划依法修改，造成国有建设用地使用权人不能按照国有建设用地使用权有偿使用合同或者划拨决定书约定、规定的用途、规划和建设条件开发的。(3) 因国家出台相关政策，需要对约定、规定的规划和建设条件进行修改的。(4) 因处置土地上相关群众信访事项等无法动工开发的。(5) 因军事管制、文物保护等无法动工开发的。(6) 政府、政府有关部门的其他行为。对于因政府、政府有关部门原因导致的土地闲置，市、县国土资源主管部门应当与国有建设用地使用权人协商，选择下列方式处置：(1) 延长动工开发期限。签订补充协议，重新约定动工开发、竣工期限和违约责任。从补充协议约定的动工开发日期起，延长动工开发期限最长不得超过一年。(2) 调整土地用途、规划条件。按照新用途或者新规划条件重新办理相关用地手续，并按照新用途或者新规划条件核算、收缴或者退还土地价款。改变用途后的土地利用必须符合土地利用总体规划和城乡规划。(3) 由政府安排临时使用。待原项目具备开发建设条件，国有建设用地使用权人重新开发建设。从安排临时使用之日起，临时使用期限最长不得超过两年。（4）协议有偿收回国有建设用地使用权。（5）置换土地。对已缴清土地价款、落实项目资金，且因规划依法修改造成闲置的，可以为国有建设用地使用权人置换其他价值相当、用途相同的国有建设用地进行开发建设。涉及出让土地的，应当重新签订土地出让合同，并在合同中注明为置换土地。（6）市、县国土资源主管部门还可以根据实际情况规定其他处置方式。市、县国土资源主管部门与国有建设用地使用权人协商一致后，应当拟订闲置土地处置方案，报本级人民政府批准后实施。闲置土地设有抵押权的，市、县国土资源主管部门在拟订闲置土地处置方案时，应当书面通知相关抵押权人。

因自然灾害等不可抗力导致土地闲置的，参照政府、政府有关部门原因办理。除因政府、政府有关部门原因或自然灾害等不可抗力原因外，应归因于企业原因，并按照如下方式处理：（1）未动工开发满一年的，由市、县国土资源主管部门报经本级人民政府批准后，向国有建设用地使用权人下达《征缴土地闲置费决定书》，按照土地出让或者划拨价款的20%征缴土地闲置费。土地闲置费不得列入生产成本。（2）未动工开发满两年的，由市、县国土资源主管部门按照《土地管理法》第三十七条和《城市房地产管理法》第二十六条的规定，报经有批准权的人民政府批准后，向国有建设用地使用权人下达《收回国有建设用地使用权决定书》，无偿收回国有建设用地使用权。闲置土地设有抵押权的，同时抄送相关土地抵押权人。

（四）对土地闲置认定的救济

市、县国土资源主管部门在作出征缴土地闲置费、收回国有建设用地使用权决定前，应当书面告知国有建设用地使用权人有申请听证的权利。

国有建设用地使用权人要求举行听证的，市、县国土资源主管部门应当依照《国土资源听证规定》依法组织听证。

一旦《闲置土地认定书》作出，国有建设用地使用权人应当自《征缴土地闲置费决定书》送达之日起 30 日内，按照规定缴纳土地闲置费；自《收回国有建设用地使用权决定书》送达之日起 30 日内，到市、县国土资源主管部门办理国有建设用地使用权注销登记，交回土地权利证书。

国有建设用地使用权人对《征缴土地闲置费决定书》和《收回国有建设用地使用权决定书》不服的，可以依法申请行政复议或者提起行政诉讼。国有建设用地使用权人逾期不申请行政复议、不提起行政诉讼，也不履行相关义务的，市、县国土资源主管部门可以直接公告注销国有建设用地使用权登记和土地权利证书，或者申请人民法院强制执行。

实务建议

对于困境资产项目，当其在开发阶段陷于困境时，项目公司的实际控制人往往已自顾不暇，只能听任项目无限期无法动工或者中止开发。此时，若为该项目提供融资的是银行，其所能够采取的措施往往是针对土地使用权申请强制执行，通过拍卖等方式处置，以尽可能多地收回融资。若为该项目提供融资的是信托等金融机构，拍卖等方式固然是一种处置并收回部分融资的方式，但该种方式将直接导致金融机构的投入大幅缩水，故，金融机构也可能与项目公司原实际控制人进行股权交易，从股权层面收购项目公司股权，以实际控制人的姿态进一步主导困境资产的开发建设和后续销售、运营管理，如此，既能够完成保交楼、保交付的任务，也能减小投入损失。此时，由于金融机构缺乏开发建设方面的人才储备，需要借助专业机构，由专业机构提供代建、代管等服务，这便为相关专业机构提供了代建、代管的业务机会。

现实中被认定为闲置土地的情况虽不鲜见，但相对于总体出让或划拨土地的数量而言则比例并不高。对于涉闲置土地的困境资产项目，一方面应当在尽职调查过程中尽量收集项目有关资料，以便分析和判断是否存在被认定闲置土地的风险；另一方面也要对相关部门进行走访确认，从监管部门的角度对项目涉闲置土地风险进行核实。尽管如前述案例所展示的，即便被认定为属于闲置土地甚至被要求收回土地使用权，仍可通过复议或者诉讼等方式进行救济，但该等救济在时间成本上对于寻求困境资产业务的机构而言并不划算，故对于是否存在闲置土地风险应作为交易或业务合作的重点前提进行考量。

问题22 如何有效判断困境资产的抵押和查封?

为什么要判断困境资产是否存在抵押或查封？这是因为在困境资产上设置的抵押权一旦得以实现，将导致困境资产被依法处置，困境资产的所有权将可能发生改变。对困境资产采取查封措施也是同理，一旦诉诸强制执行，也将导致困境资产的依法处置及所有权变动。

在介入困境资产交易前，不论该交易采用资产、股权交易的方式，抑或采用为困境资产提供管理服务的方式，均需对困境资产的抵押和查封情况作出详细摸底调查。这也是尽职调查中的重要一环。

法条链接

《民法典》

第三百九十四条　为担保债务的履行，债务人或者第三人不转移财产的占有，将该财产抵押给债权人的，债务人不履行到期债务或者发生当事人约定的实现抵押权的情形，债权人有权就该财产优先受偿。

前款规定的债务人或者第三人为抵押人，债权人为抵押权人，提供担保的财产为抵押财产。

第三百九十九条 下列财产不得抵押：

（一）土地所有权；

（二）宅基地、自留地、自留山等集体所有土地的使用权，但是法律规定可以抵押的除外；

（三）学校、幼儿园、医疗机构等为公益目的成立的非营利法人的教育设施、医疗卫生设施和其他公益设施；

（四）所有权、使用权不明或者有争议的财产；

（五）依法被查封、扣押、监管的财产；

（六）法律、行政法规规定不得抵押的其他财产。

第四百零二条 以本法第三百九十五条第一款第一项至第三项规定的财产或者第五项规定的正在建造的建筑物抵押的，应当办理抵押登记。抵押权自登记时设立。

第四百一十条 债务人不履行到期债务或者发生当事人约定的实现抵押权的情形，抵押权人可以与抵押人协议以抵押财产折价或者以拍卖、变卖该抵押财产所得的价款优先受偿。协议损害其他债权人利益的，其他债权人可以请求人民法院撤销该协议。

抵押权人与抵押人未就抵押权实现方式达成协议的，抵押权人可以请求人民法院拍卖、变卖抵押财产。

抵押财产折价或者变卖的，应当参照市场价格。

《最高人民法院关于适用〈中华人民共和国民法典〉有关担保制度的解释》

第三十七条 当事人以所有权、使用权不明或者有争议的财产抵押，经审查构成无权处分的，人民法院应当依照民法典第三百一十一条的规定处理。

当事人以依法被查封或者扣押的财产抵押，抵押权人请求行使抵押权，经审查查封或者扣押措施已经解除的，人民法院应予支持。抵押人以抵押权设立时财产被查封或者扣押为由主张抵押合同无效的，人民法院不予支持。

以依法被监管的财产抵押的，适用前款规定。

《最高人民法院关于人民法院民事执行中查封、扣押、冻结财产的规定》(2020修正)

第二条　人民法院可以查封、扣押、冻结被执行人占有的动产、登记在被执行人名下的不动产、特定动产及其他财产权。

未登记的建筑物和土地使用权，依据土地使用权的审批文件和其他相关证据确定权属。

对于第三人占有的动产或者登记在第三人名下的不动产、特定动产及其他财产权，第三人书面确认该财产属于被执行人的，人民法院可以查封、扣押、冻结。

参考案例

某银行分行、陈某金融借款合同纠纷再审案[①]

该案中，最高人民法院对于已签订抵押合同而未办理抵押登记情形下抵押合同的效力有相关论述，在实践中具有指引作用。

最高人民法院认为，根据《物权法》第十五条的规定[②]，当事人之间订立有关设立、变更、转让和消灭不动产物权的合同，除法律另有规定或

① 最高人民法院（2019）最高法民再155号民事判决书。

② 《物权法》已因《民法典》施行而失效，该条内容被《民法典》第二百一十五条承继。

者合同另有约定外，自合同成立时生效；未办理物权登记的，不影响合同效力。本案中，某银行东莞分行分别与陈某等三人签订《最高额抵押合同》，约定陈某等三人以其房屋为案涉债务提供担保。上述合同内容系双方当事人的真实意思表示，内容不违反法律、行政法规的强制性规定，应为合法有效。虽然前述抵押物未办理抵押登记，但根据《物权法》第十五条之规定，该事实并不影响抵押合同的效力。

依法成立的合同，对当事人具有法律约束力，当事人应当按照合同约定履行各自义务，不履行合同义务或履行合同义务不符合约定的，应依据合同约定或法律规定承担相应责任。案涉《最高额抵押合同》第六条“甲方声明与保证”约定，甲方对本合同项下的抵押物拥有完全的、有效的、合法的所有权或处分权，需依法取得权属证明的抵押物已依法获发全部权属证明文件，且抵押物不存在任何争议或任何权属瑕疵……设立本抵押不会受到任何限制或不会造成任何不合法的情形。第十二条“违约责任”约定，本合同生效后，甲乙双方均应履行本合同约定的义务，任何一方不履行或不完全履行本合同约定的义务的，应当承担相应的违约责任，并赔偿由此给对方造成的损失。甲方在本合同第六条所作声明与保证不真实、不准确、不完整或故意使人误解，给乙方造成损失的，应予赔偿。根据上述约定，陈某等三人应确保案涉房产能够依法办理抵押登记，否则应承担相应的违约责任。本案中，陈某等三人尚未取得案涉房屋所占土地使用权证，因房地权属不一致，案涉房屋未能办理抵押登记，抵押权未依法设立，陈某等三人构成违约，应依据前述约定赔偿由此给某银行分行造成的损失。原审法院认定陈某等三人不存在违约行为不应承担损害赔偿责任不当，本院予以纠正。

理论分析

（一）抵押或查封的查询途径

对于困境资产可能涉及的抵押，由于不动产的抵押生效要件是登记生效，即在不动产登记部门办理抵押登记手续，故可持相关有效手续（如介绍信等）前往困境资产登记地对应的不动产登记部门进行现场查询。

对于困境资产可能涉及的查封，目前也须持相关有效手续（如介绍信等）前往困境资产登记地对应的不动产登记部门进行现场查询。由于查封还涉及轮候查封的问题，故也应一并在不动产登记部门进行查询。

抵押或查封的查询目前尚没有有效的网络查询途径，未来是否有更为便捷有效的查询途径有待观察。

（二）与抵押、查封有关的引申问题

1. 签订抵押合同但未办理抵押登记手续

前面提到的抵押或查封查询，针对的仍是进行了抵押登记或查封登记的情况，但实际上也存在虽然签署了抵押合同但并未办理抵押登记的情况。对此，由于没有登记，既无网络查询途径，在不动产登记部门也查询不到，只能依赖交易对方的披露，尤其是在资产交易或股权交易的情况下。该种情况下不排除抵押权人随时主张其抵押权，当交易前未发现存在抵押时，可能给交易后的买受人或提供资管服务带来不利影响。

根据《民法典》第二百一十五条的规定，当事人之间订立有关设立、变更、转让和消灭不动产物权的合同，除法律另有规定或当事人另有约定外，自合同成立时生效；未办理物权登记的，不影响合同效力。基于此，

合同效力与物权变动是相区分的，尽管抵押合同签署后未办理抵押登记手续，抵押权未设立，但并不影响抵押合同效力。债权人仍有权要求抵押人在约定的担保范围内承担责任。

故，在对困境资产抵押或查封进行查询的同时，在相关交易文件中，有必要对交易对方作出的不实披露设置相应的违约条款或罚则，由此造成的损失应由交易对方承担。

2. 抵押和查封并存时的优先受偿问题

查封具有司法属性，故在已设立担保的困境资产之上仍可以进行查封。鉴于查封和抵押均需进行登记，应当以在先登记的优先受偿；若查封或者抵押未登记，则应当以登记的优先受偿。

但根据《民法典》第三百九十九条的规定，依法被查封、扣押、监管的财产不得抵押。从该条文义理解，一旦财产被查封便不得抵押，但实际情况却复杂得多。根据《最高人民法院关于适用〈中华人民共和国民法典〉有关担保制度的解释》第三十七条第二款的规定，当事人以依法被查封或者扣押的财产抵押，抵押权人请求行使抵押权，经审查查封或者扣押措施已经解除的，人民法院应予支持。抵押人以抵押权设立时财产被查封或者扣押为由主张抵押合同无效的，人民法院不予支持。从中可推知，第一，财产被查封或扣押后似乎也可抵押，故才有查封或扣押措施解除时抵押权人可请求行使抵押权一说；第二，在被查封或扣押的财产上设置抵押权而签订的抵押合同在合同效力层面是不受影响的。基于此，对于查封在先而抵押在后的事实，更多影响的是设立在后的抵押权的实现问题，即查封的申请主体优先受偿，若有剩余，抵押权人才能受偿。

实务建议

对于抵押或查封的查询及核实，针对不同主体有不同的影响。

对于银行、信托等金融机构而言，其在提供融资时，困境资产应尚不处于困境状态，否则也不会批准该等融资。彼时，为提供融资进行担保，金融机构均会选择抵押担保，因为资产价值相对稳定且可靠，且应当对资产的抵押或查封状态进行必要的核实，甚至部分外资银行需要律师对资产的抵押、查封进行不动产查档并出具法律意见。一旦困境资产陷入困境状态，金融机构就有必要采取查封等措施以进一步保障自身的合法权益。

对于拟收购困境资产的主体而言，了解困境资产的抵押或查封情况更有必要，否则在查封的情况下连困境资产的过户都无法完成。

对于拟为困境资产提供资管服务的主体而言，其服务对象往往是银行或信托等金融机构，此时，金融机构已完成对困境资产的竞买或以物抵债而成为困境资产的所有权人。虽然金融机构本身可能就是困境资产的原抵押权人或者申请查封人，但此时对困境资产抵押或查封的了解更多的意义在于对困境资产后续运营管理的影响，其中核心的就是是否适用“买卖不破租赁”。由于后文中我们会对此进行专题研讨，此处仅简要展开。若抵押或查封在先而租赁在后，那么租赁权不能对抗抵押权或查封；反之，若抵押或查封在后而租赁在先，那么适用“买卖不破租赁”。厘清抵押、查封与租赁之间的关系，有助于资管服务机构为金融机构就困境资产制订更适宜的资管方案，以便改善困境资产的现金流，更好地助力困境资产的价值提升，整体上改变困境资产的经营困局。

问题23 如何有效识别困境资产及项目公司的或有负债风险？

针对困境资产的交易，方式无外乎股权交易或资产交易。对于资产交易，由于交易标的是困境资产本身，只要困境资产没有抵押、查封等权利限制，困境资产并不存在或有负债风险的问题。但对于股权交易，由于交易标的是困境资产的项目公司股权或者项目公司再上层公司股权，以项目公司股权为主，对于项目公司存在哪些或有负债风险的识别就非常重要。

法条链接

《民法典》

第三百九十四条 为担保债务的履行，债务人或者第三人不转移财产的占有，将该财产抵押给债权人的，债务人不履行到期债务或者发生当事人约定的实现抵押权的情形，债权人有权就该财产优先受偿。

前款规定的债务人或者第三人为抵押人，债权人为抵押权人，提供担保的财产为抵押财产。

第六百六十七条 借款合同是借款人向贷款人借款，到期返还借款并支付利息的合同。

第六百六十八条 借款合同应当采用书面形式，但是自然人之间借款另有约定的除外。

借款合同的内容一般包括借款种类、币种、用途、数额、利率、期限和还款方式等条款。

参考案例

刘某与李某等股权转让纠纷二审案①

北京市第三中级人民法院认为，根据刘某作为甲方与杨某作为乙方、某公司作为丙方签订的《股权转让协议》约定，公司股权变更日即2019年6月13日之前发生的公司全部债权债务由甲方承担，2019年6月13日后新发现的公司债务，如是由于甲方等公司原股东持股期间的原因形成的，

① 北京市第三中级人民法院案号：(2021) 京03民终17911号民事判决书。

则甲方仍需对该债务承担全部责任。《股权转让协议》还约定刘某应当真实、详尽地告知杨某关于公司的全部债权、债务、资产、财务状况，不隐瞒、遗漏公司的任何对外负债。如果甲方违约，应赔偿杨某、某公司因此而遭受的全部损失。现刘某在与杨某、某公司签订《股权转让协议》后，先后提起劳动仲裁以及诉讼，最终一审法院判决某公司支付刘某 2016 年 3 月 1 日至 2019 年 6 月 14 日工资 272272.41 元，并对某公司账户强制扣划 276256.41 元。刘某隐瞒了上述劳动债权，损害了某公司的利益。一审庭审中，杨某表示其在本案中不主张权利，应当由某公司主张权利。故某公司有权以原告身份提起诉讼。刘某上诉主张某公司不是适格主体，缺乏依据，本院不予采纳。刘某的上述劳动债权产生于公司股权变更日之前，刘某在明知上述劳动债权的情况下，未尽合同义务如实披露，已构成违约，应当依约赔偿损失。

理论分析

对于项目公司的股权交易，一般可以分为两类情形。第一类是正常的股权交易，即受让方受让项目公司股东所持项目公司的股权。对此，受让方需对项目公司的情况进行总体的尽职调查，其中的重点就是项目公司的负债情况。第二类是非正常的股权交易，即假设项目公司的股权因冻结或质押等问题而被依法处置。当然，第二类情形是极少的，因为实操中若项目公司存在大额融资，金融机构均会要求项目公司以困境资产提供抵押担保，处置困境资产本身是更为可行也更为常见的方式。相反，冻结或质押的股权涉及项目公司的诉讼、仲裁、债权、债务、员工等事项，处置难度更高。为此，我们重点考虑的是第一类情形。

如何识别项目公司的债务？首先，通过如中国裁判文书网、中国执行信息公开网、人民法院公告网、人民法院案例库、全国法院诉讼活动通知查询网、信用中国网站及某些市面上的企业信息查询网站或软件进行逐一查询，筛查是否存在转让方未予披露的未结诉讼、仲裁、执行案件，或行政处罚等。

其次，可以通过针对困境资产、项目公司账户及项目公司其他重要资产，如汽车、设施设备是否存在查封、冻结、扣押等保全措施进行查询。若这些资产或账户存在查封、冻结或扣押，那么项目公司大概率是面临相应的诉讼或仲裁、执行情况，应当予以重视。

最后，若通过以上途径仍未发现未结诉讼、仲裁或执行案件，作为兜底，应在交易文件中设置必备条款，预防后续可能出现的转让方未予披露案件或行政处罚等负债及或有负债。这些条款包括如下三个层面：第一是在项目公司股权完成交割即变更登记为受让方之前发生的未结案件、行政处罚等负债均由转让方承担；第二是在项目公司股权完成交割即变更登记为受让方之后发生的，但是因为转让方原因，也应由转让方承担；第三是预留部分尾款一定期限，如至交割完成后 12 个月至 36 个月，若在此期间发生因转让方原因而产生的负债，则从预留尾款中抵扣。

实务建议

对于困境资产及项目公司的负债情况的识别，一般是在法律尽职调查阶段发现，并评估其风险，最终纳入转让价款的考量维度。对于困境资产而言，项目公司或其实际控制人很可能已经发生了不可挽回的问题，出售项目公司股权仅是其自救的方式之一。此种情况下，受让方更应提高警惕，争取穷尽对项目公司负债的识别方式，并利用转让方急于转让之机，在交易条款等方面争取有利条件。如此，一旦后续真的出现了或有负债，也能够通过交易条款维护自身的合法权益。但是，我们也应注意到，不论交易条款设置多么完善，或者在纠纷发生时能够多大程度确保获得支持，届时转让方都很可能已无力承担相应责任，故仍应在尽职调查过程中通过各类网络查询或现场核实等途径发现存在或有负债的蛛丝马迹，排除相应隐患，此为上策。

问题24 如何核实困境资产的物业服务企业？

对于很多拟为困境资产提供资管服务的机构而言，其服务对象是银行或信托等金融机构，这些金融机构已经为其向困境资产提供融资而“买单”，即因困境资产陷于困境而导致金融机构无法完全收回全部融资，而只能以竞买或者以物抵债等方式成为困境资产的所有权人。此时，金融机构最为关心的重点是两个方面问题：一是如何保持和提升困境资产的租金水平及出租率，这事关困境资产是否能够保值；二是如何能够确保对困境资产的实际控制能力。虽然通过以物抵债协议已经从所有权上确认了金融机构对困境资产的所有权，但是物业管理单位仍是影响金融机构对困境资产控制程度的重要因素，并直接影响困境资产的运营管理。

法条链接

《物业管理条例》（2018修订）

第二条 本条例所称物业管理，是指业主通过选聘物业服务企业，由业主和物业服务企业按照物业服务合同约定，对房屋及配套的设施设备和相关场地进行维修、养护、管理，维护物业管理区域内的环境卫生和相关秩序的活动。

第二十六条 前期物业服务合同可以约定期限；但是，期限未满、业主委员会与物业服务企业签订的物业服务合同生效的，前期物业服务合同终止。

《民法典》

第九百四十六条 业主依照法定程序共同决定解聘物业服务人的，可以解除物业服务合同。决定解聘的，应当提前六十日书面通知物业服务人，但是合同对通知期限另有约定的除外。

依据前款规定解除合同造成物业服务人损失的，除不可归责于业主的事由外，业主应当赔偿损失。

参考案例

国某物业公司与汉某物业公司物权保护纠纷二审案[①]

该案是一宗涉两家物业公司对目标物业的物业管理权进行争夺的案例，案件的事实较为复杂，且牵涉主体众多。我们仅对一审和二审法院对相关问题的认定进行简要分析。

2017 年 9 月 13 日，国某广场业主委员会的负责人连某以邮寄方式向某街道办提交业主委员会备案材料。某街道办经审查发现，《业主委员会备案单》中只填写了两名委员，《国某广场首次业主大会会议筹备组工作报告》中无筹备组组长的签字。某街道办认定，国某广场业主委员会提交的备案材料不符合《北京市物业管理办法》第十七条规定的备案条件，决定不予备案。

2018 年 2 月 12 日，国某广场业主委员会认为某街道办不履行业主委员会备案的法定职责，将某街道办作为被告起诉至一审法院，请求判令某街道办接受国某广场业主委员会提交的备案材料，并作出是否予以备案的行政行为。2018 年 7 月 12 日，一审法院驳回了国某广场业主委员会的诉讼请求。此后，国某广场业主委员会不服，提出上诉，二审法院驳回上诉，维

① 北京市第一中级人民法院（2019）京 01 民终 3571 号民事判决书。

持一审判决。

2019年2月22日，电某公司、建某公司共同向国某广场业主委员会申请召开业主大会临时会议并提交业主表决：补选业主委员会委员；解除前期物业服务合同；确定本区域的物业管理方式为委托物业服务企业管理，授权业主委员会与全体业主选聘的物业服务企业签署物业服务合同。

2019年2月22日，连某、刘某以国某广场业主委员会名义向某街道办提交《关于就国某广场业主大会召开临时会议申请给与指导和协助的函》。

2019年3月11日，电某公司将京某公司、汉某物业公司共同作为被告以排除妨害纠纷为由诉至一审法院，请求判令京某公司、汉某物业公司停止对电某公司地下空间的侵害，将属于电某公司所有的国某广场A座办公楼地下空间恢复原状并腾退、归还电某公司。2019年3月21日，一审法院向电某公司出具诉讼服务告知书，其内容显示一审法院尚未就电某公司的起诉正式立案。

2019年3月18日，连某、刘某以国某广场业主委员会名义，发布《关于召开国某广场业主大会临时会议的会议公告》，会议议题包括：补选业主委员会委员；表决：是否同意解除前期物业服务合同，授权业主委员会用公开招投标或邀标方式确定物业服务候选企业后，提交全体业主就选聘予以表决；表决：是否同意确定本物业管理区域的物业管理方式为委托物业服务企业管理，授权业主委员会与全体业主选聘的物业服务企业签署物业服务合同。

2019年4月4日，京某公司作为申请人不服被申请人某街道办于2019年3月17日作出的《关于重新指定国某广场首次业主大会会议筹备组组长的函》，向某区政府申请行政复议。

2019年4月8日，国某广场业主委员会发布《国某广场业主大会2019年临时会议公告》，其主要内容为：补选五名业主委员会委员；解除国某广场前期物业服务合同，国某广场业主大会授权国某广场业主委员会采用公开招投标或邀标方式确定物业服务候选企业后，提交全体业主就选聘予以表决；国某广场物业管理区域内的物业管理方式为业主大会委托物业服务企业管理，业主大会授权业主委员会与全体业主选聘的物业服务企业签署物业服务合同。

2019年4月9日，某街道办为国某广场业主委员会备案，并出具《业主委员会备案单》，业主委员会共两人，委员连某、刘某。同日，某街道办出具《备案事项变更单》，其中记载，国某广场业主委员会于2019年4月9日备案，现备案事项发生变更，业主委员会除连某、刘某外，新增五名成员。某街道办审查后予以变更备案。

2019年4月15日，国某广场业主委员会向国某物业公司发出了《告知函》，其主要内容为：国某广场业主委员会将依据业主大会临时会议决议，组织物业服务候选企业的招标工作，招标工作的具体安排将另行公告。国某物业公司作为国某广场部分区域物业服务的实际提供方，欢迎积极报名参加招标工作。业主大会依据招标结果，在作出选聘物业服务企业的决定并签署物业服务合同之前，请国某物业公司保持当前物业管理现状，继续负责在管区域的日常物业服务工作，保障物业管理区域的稳定，避免冲突发生，对物业服务工作中的不足之处进行完善，并提前做好物业服务交接的准备工作。

2019年5月27日，某区政府针对京某公司提出的行政复议申请，作出行政复议决定书，认为国某广场现并不存在合法有效的首次业主大会会议筹备组，某街道办作出的关于重新指定筹备组组长的涉案函复缺乏基本的事实基础，决定依法撤销某街道办于2019年3月17日作出的《关于重新指定国某广场首次业主大会会议筹备组组长的函》。

北京市第一中级人民法院认为，本案二审的争议焦点在于以下两个问题：一是汉某物业公司依据前期物业服务合同是否有权要求国某物业公司撤出国某广场公共区域并移交物业管理权；二是国某物业公司是否有权以“腾退区域中包括电某公司、建某公司单独出资购买，未与其他业主分摊的专有部位”为由拒绝撤出国某广场。现分述如下：

关于争议焦点一，《物业管理条例》第二十六条规定，前期物业服务合同可以约定期限；但是，期限未满、业主委员会与物业服务企业签订的物业服务合同生效的，前期物业服务合同终止。根据上述行政法规的规定，业主委员会与物业服务企业签订物业服务合同生效时，前期物业服务合同终止。换言之，业主委员会未与物业服务企业签订物业服务合同时，前期物业服务合同继续有效。本案中，国某广场业主委员会虽然于2019年4月9日经某街道办备案，但国某广场业主委员会尚未依法与新选聘的物业服务企业签订物业服务合同。在新的物业服务合同尚未签订、生效的情况下，汉某物业公司与京某公司签订的前期物业服务合同并未终止，汉某物业公司基于前期物业服务合同有权对国某广场物业管理区域进行管理。国某物业公司为国某广场提供物业服务的合同依据，已经被法院生效判决认定无效，其无权对国某广场提供物业服务。而且，国某物业公司取得实际物业管理权的方式不符合法律规定。故在前期物业服务合同有效的情况下，国某物业公司应向汉某物业公司移交国某广场物业管理权。据此，汉某物业公司依据前期物业服务合同有权要求国某物业公司撤出国某广场公共区域并移交物业管理权。国某物业公司就此提出的上诉主张，无事实和法律依据，本院不予支持。

关于争议焦点二，根据已查明的事实，电某公司、建某公司尚未就国某广场A座办公楼、B座办公楼办理房屋产权登记，未取得房屋权属证明。根据京某公司与电某公司签订的《商品房预售合同》，电某公司购买A座办公楼第6层至第23层。根据京某公司与建某公司签订的《商品房买卖框架协议》以及《商品房预售合同》，建某公司购买B座办公楼第7层至第26层的办公层及D座公寓10套房屋。在电某公司、建某公司未取得房屋权属证明或未经过房屋确权认定的情况下，根据《商品房预售合同》以及《房屋土地测绘技术报告书》中记载的分摊面积和分摊范围，尚无法确定一审法院判定的腾退范围中是否包括电某公司、建某公司“单独出资购买，未与其他业主分摊的专有部位”及其所在区域。在此种情况下，一审法院根据电某公司、建某公司所购房屋的位置和范围，结合国某物业公司实际占用区域的功能和现场勘验结果，确定的腾退范围并无不当。

理论分析

不论涉及困境资产的何种交易，包括但不限于资产转让、股权转让、轻资产管理服务等，都需要核实困境资产的物业服务企业。针对住宅物业，一般而言，因物业服务企业需在所在地住建部门的物业科备案，故可以在当地住建部门官网查询到该住宅项目的备案物业服务企业。具体仍需以所在地的具体情况而定。但这存在一个问题，就是困境资产仍以商场、写字楼等为主，一方面这类资产经常在官网查询不到备案物业服务企业信息，另一方面这类资产也经常未进行备案。所以，对于商场、写字楼等困境资产往往只能去当地住建部门的物业科现场核实，或者因其未备案而查询不到任何信息。

核实困境资产的物业服务企业确有其必要性，而且这种必要性在近些年来正日益凸显。这主要是因为近年来发生的物业纠纷太多，从业人员见识的被物业问题终结的交易也太多，所以都对此抱有充分的警惕。对于物业服务企业的核实不限于确定物业服务企业是谁，也应一并确认物业服务所处阶段、物业管理区域范围等。在明确这些和物业服务相关的基础问题后，就能够更好地针对物业服务的具体情况制定相应接收物业服务的方式和方法，最终保障困境资产保值增值，以有利于金融机构后续适时出售。

实务建议

如上述案例中的物业控制权纠纷，实践中并不鲜见。对于困境资产存在同样的问题。如果物业纠纷能够得到较快、妥善地解决，能够提供稳定的物业管理服务，有利于稳定租户甚至提升租户信心；反之，如果物业纠纷扯皮不断，对于困境资产只能是雪上加霜。

在上述案例中，一审法院曾在判决中特别指出：本案中涉及两家物业对广场物业管理权的争夺，但此涉及整个小区全体业主的共同利益，其中既有大型国有企业，也有众多小业主，影响企业经营财产权利，亦影响广大小业主的居住权。在此物业交接过程中，两物业均应依法进行，在交接过程中应保证物业区域正常的水、电、气、通行等正常运行，不得做出损害业主权益的行为，如有违正常交接，影响到业主的合法权利，造成损失，应由责任方承担责任、予以赔偿。对于物业交接后的物业服务问题，全体业主是小区物业的所有权人，物业公司仅是为业主提供物业服务，对于服务过程中遇到的新问题，应与业主进行充分协商进行。业主亦可依法组建业主大会及业主委员会，行使业主权利。汉某物业公司在服务过程中，应依法及依据前期物业服务合同及公约的约定进行，不得损害业主的合法权利，更不能以非法手段影响业主对物业的合法占有、使用的权利。这凸显了面临物业管理权纠纷时可能导致某种程度的混乱，也充分体现了在困境资产交易过程中涉及物业服务企业的了解、识别的重要性，避免给交易后造成不必要的麻烦和争议。若涉及相关争议，也宜争取采用综合手段化解纠纷，以利于困境资产能够顺利进入正轨。

问题25 股权交易和资产交易有何不同?

如前所述，针对困境资产的交易主要是股权交易和资产交易，与其他不动产交易并无不同。本部分我们简要对二者之间的区别一一介绍。

法条链接

通过资产交易或股权交易方式针对困境资产进行交易，牵涉的条文较为繁多且包括在不同的法律法规中，故此处不再集中列举。

理论分析

资产交易和股权交易的区别主要体现在如下几个方面。

（一）交易标的不同

资产交易和股权交易最突出的区别，就是二者的交易标的不同，即资产交易标的为资产，股权交易标的为股权。其实，所有的资产交易和股权交易的不同均是源自二者的交易标的不同。

（二）交易主体不同

由于资产交易的标的是资产，资产交易的主体就是买方和持有标的资产的卖方，持有资产的卖方通常是项目公司。

由于股权交易的标的是股权，股权交易的主体就是买方和持有标的股权的卖方，持有股权的卖方即目标公司的股东。

（三）交易所关注的主要风险点不同

对于资产交易，交易标的是资产本身，因此，交易所重点关注的就是资产是否存在阻碍交易或贬损资产价值的问题。直白地讲，就是买方向卖方买东西，需确保买的东西值相应的价钱，并且这个东西能卖。以在建工程而言，《城市房地产管理法》第三十九条第一款规定，以出让方式取得土地使用权的，转让房产时，应当符合一定条件，包括按照出让合同约定已经支付全部土地使用权出让金，并取得土地使用权证书；按照出让合同约定进行投资开发，属于房屋建设工程的，完成开发投资总额的25%以上，属于成片开发土地的，形成工业用地或者其他建设用地条件。如果未满足该等条件，就将构成对资产交易本身的限制。此外，资产交易需要关注资产是否存在抵押、查封，是否需要转让方融资的融资方同意，是否存在土地闲置等对资产转让构成影响的风险点。

对于股权转让，由于交易标的是目标公司的股权，且受让股权即意味着概括承受了公司的一切权利和义务。因此，股权交易需要重点关注标的股权是否存在质押、冻结，是否需要相关方的同意，员工情况，诉讼仲裁情况，以及目标公司所持项目是否存在不利情况等。如果转让方仅转让部分股权，那么可能还需要关注其他股东的优先购买权问题。

对于资产交易和股权交易的主要风险点，主要是借助来自中介机构的尽职调查。尽职调查不仅需要法律尽职调查、财务尽职调查，有时也需要工程尽职调查等对拟收购的标的资产和标的股权进行全方位的了解，以识别对于交易可能构成的风险点。

（四）税负方面不同

相较于交易标的不同和交易主体不同，税负不同是选择资产交易和股权交易更为关键的因素。

一般而言，对于资产交易，转让方需要承担的税负主要是企业所得税、土地增值税、增值税及附加、印花税；受让方需要承担的税负主要是契税、印花税。对于股权交易，转让方需要承担的税负主要是企业所得税、印花税，受让方需要承担的税负主要是印花税。但也仅限于一般情况下，实际上可能存在一些特殊情形。

实务建议

实践中，对于采用股权收购或资产收购牵涉的因素较多，既要从法律方面评估其可行性，也需要从财务和税务角度评估其经济性，最终作出综合决策。具体到困境资产，由于资产及其所有人可能均已陷入困境之中，对于其交易方式的选择也将多一个维度，即从交易安全性角度，避免交易中的不确定性因素，并减少交易后可能产生的纠纷。

问题 26 如何应对困境资产交易中的涉国资问题？

关于困境资产交易中的涉国资问题，困境资产交易本身就存在颇多困难和变数，若其中涉及国资，则难度可想而知。对于该问题，根据国资主体属于转让方还是受让方而有所区别。若为受让方，则对于该国资主体主要是应从严进行尽职调查，避免因尽职调查中存在疏忽而带来交易后的损失，进而受到内部的追责；若为转让方，则对于该国资主体就需要按照《企业国有资产交易监督管理办法》的规定判断是否需进行进场交易及其他相关流程。本节中我们重点针对国资主体作为转让方的情形进行分析。

法条链接

《企业国有资产交易监督管理办法》

第三条 本办法所称企业国有资产交易行为包括：

（一）履行出资人职责的机构、国有及国有控股企业、国有实际控制企业转让其对企业各种形式出资所形成权益的行为（以下称企业产权转让）；

（二）国有及国有控股企业、国有实际控制企业增加资本的行为（以下称企业增资），政府以增加资本金方式对国家出资企业的投入除外；

（三）国有及国有控股企业、国有实际控制企业的重大资产转让行为（以下称企业资产转让）。

第四条 本办法所称国有及国有控股企业、国有实际控制企业包括：

（一）政府部门、机构、事业单位出资设立的国有独资企业（公司），以及上述单位、企业直接或间接合计持股为100%的国有全资企业；

（二）本条第（一）款所列单位、企业单独或共同出资，合计拥有产（股）权比例超过50%，且其中之一为最大股东的企业；

（三）本条第（一）、（二）款所列企业对外出资，拥有股权比例超过50%的各级子企业；

（四）政府部门、机构、事业单位、单一国有及国有控股企业直接或间接持股比例未超过50%，但为第一大股东，并且通过股东协议、公司章程、董事会决议或者其他协议安排能够对其实际支配的企业。

第十三条 产权转让原则上通过产权市场公开进行。转让方可以根据企业实际情况和工作进度安排，采取信息预披露和正式披露相结合的方式，通过产权交易机构网站分阶段对外披露产权转让信息，公开征集受让方。其中正式披露信息时间不得少于20个工作日。

因产权转让导致转让标的企业的实际控制权发生转移的，转让方应当在转让行为获批后10个工作日内，通过产权交易机构进行信息预披露，时间不得少于20个工作日。

参考案例

某钢材公司、某贸易公司等确认合同无效纠纷民事二审案[①]

对于该案，我们主要了解其对于《企业国有资产交易监督管理办法》是否影响合同效力这一点。广州市中级人民法院认为，《企业国有资产法》第五十四条中关于国有资产转让方面的规定应属于管理性，而非效力性、强制性规定，而《企业国有资产交易监督管理办法》属于部门规章，亦不成为认定合同效力的依据。

理论分析

根据《企业国有资产交易监督管理办法》的规定，国有资产交易涉及三种形式，分别是产权转让、增资和资产转让。对于困境资产转让，可以是转让持有困境资产的项目公司股权的形式，即产权转让；也可以是直接转让困境资产的形式，即资产转让；通常不涉及增资，因为交易的主要目的是将困境资产直接或间接转让出去，即股权交易或资产交易。相较于股权交易，资产交易因税负较高而普遍倾向于选择股权交易，故以下仅针对产权转让的形式进行分析。

产权转让一般包括如下流程：

转让方首先应按照企业章程和内部管理制度履行内部决策程序，并形成书面决议。此处的转让方是拟进行国有产权转让的、持有国有资产的主体，即政府部门、机构、事业单位、国有独资企业、国有控股企业或国有实际控制企业。

在内部决策程序完成后，转让方应提报到国资监管机构对产权转让事

① 广东省广州市中级人民法院（2021）粤01民终20178号民事判决书。

项进行审批。对于不同情形的产权转让，具体的审批流程也将有所区别，如果不涉及失去所出资企业控股权的，可由国资监管机构直接审批；如涉及国家不再拥有所出资企业控股权的，须由国资监管机构报本级人民政府批准；对主业处于关系国家安全、国民经济命脉的重要行业和关键领域，主要承担重大专项任务子企业的产权转让，须由国家出资企业报同级国资监管机构批准。

若产权转让涉及职工安置的，安置方案应当经过职工代表大会或职工大会审议通过。

产权转让事项经批准后，转让方要委托会计师事务所对转让标的进行审计，并委托具备资质的评估机构对转让标的进行资产评估。资产评估是确定产权转让价格的基础，产权转让价格应以经核准或备案的评估结果为基础确定。

在完成上述内部决策和外部审批、审计、评估工作后，产权转让就将进入进场交易环节，即通过产权市场公开进行交易。

进场交易需要如下相关流程：

首先，信息披露，俗称挂牌。通过在产权市场公开进行信息披露，使得社会公众都有机会获知国有产权转让的信息，也就能够使绝大多数的主体即意向方参与到交易中，通过这种方式最大程度地保障国有资产交易的公开，使转让方能够取得最优的转让条件。信息披露的时间不得少于 20 个工作日。值得关注的是，对于因产权转让导致转让标的企业的实际控制权发生转移的，转让方应当在转让行为获批后 10 个工作日内，通过产权交易机构进行信息预披露（俗称预挂牌），时间不得少于 20 个工作日。信息披露的内容一般包括转让标的的基本情况，标的企业的股东结构，产权转让行为的决策及批准情况，标的企业最近一个年度审计报告和最近一期财务报表中的主要财务指标数据（资产总额、负债总额、所有者权益、营业收入、净利润等)，受让方资格条件（一般不得对受让方资格设置条件，目的是不能人为赋予转让方通过设置受让方资格条件来排除受让方，而将场内交易又变为了针对特定的潜在受让方的交易，规避场内交易，但对于有特殊要求的情形可以设置受让方条件)，交易条件，转让低价，企业管理层是否参与受让，有限责任公司的原股东是否放弃优先受让权，竞价方式等。

其次，在信息披露期届满后征集意向方。如果只有一个意向方，那么转让方可以与该意向方进行协议转让。如果征集到两个或以上的意向方，那么应按照信息披露中的竞价方式进行竞价。竞价有拍卖、招投标、网络竞价等方式。其中，拍卖是最高价者得；招投标是综合得分高者得；网络竞价则有特定的竞价机制等。如果没有征集到意向方，可以延期或在降低转让底价、变更受让条件后重新进行信息披露。需要注意的是，当新的转让底价低于评估结果的90%时，应当经过转让行为批准单位书面同意。

再次，受让方确定后，转让方和受让方应当签订产权交易合同。原则上，交易价款应当在合同生效之日起5个工作日内一次性付清，但如果金额较大而一次性支付完毕确实存在困难的，可以分期付款，但首付比例不得低于30%；其余待付款需要提供转让方认可的有效担保，按同期银行贷款利率支付延期利息，且付款周期不得超过1年。

最后，交易所出具交易凭证。

实务建议

如上所述，对于国有全资、控股或实际控制企业作为转让方的产权转让，原则上应当进场交易。但实操中的情形可能更为复杂，如转让的并非股权，而是国资持有的份额，是否应当参照股权而进场交易？对此，争议颇多。2018 年 12 月 29 日，国资委网站针对《企业国有资产交易监督管理办法》的适用问题进行回复，《企业国有资产交易监督管理办法》第四条是针对公司制企业中的国有及国有控股、国有实际控制等情形进行分类，合伙企业中合伙人的权益和义务应以合伙协议中的约定为依据。① 2019 年 5 月 27 日，国资委网站再次针对《企业国有资产交易监督管理办法》的适用问题进行了回复，《企业国有资产交易监督管理办法》适用范围是依据《公司法》设立的公司制企业。国有企业转让有限合伙份额的监督管理另行规定。② 2024 年 2 月 5 日，国资委网站针对“关于国资基金转让持有的股权是否进场交易问题的咨询”进行了回复，《企业国有资产交易监督管理办法》规范的对象是依据《公司法》设立的公司制企业，不包括有限合伙企业，有限合伙企业对外投资的企业股权转让不在《企业国有资产交易监督管理办法》规范范围内。实践中，鼓励有限合伙企业对外投资的企业股权转让通过产权交易机构挂牌转让。③ 以上是从国资委的角度对于《企业国有资产交易监督管理办法》是否适用于合伙企业的答复，该答复仅供参考，并不具有法律约束力。

为此，在困境资产交易涉国资问题时，宜采取周全而稳妥的论证，既在交易层面关注困境资产本身的问题，也应在国资监管方面履行必要手续，并适时征求上级集团及监管部门的意见。

---

① 参见《对〈企业国有资产交易监督管理办法〉理解》，载国务院国有资产监督管理委员会网站，http://www.sasac.gov.cn/n2588040/n2590387/n9854167/c10126551/content.html，最后访问时间：2025 年 6 月 23 日。

② 参见《国有企业转让有限合伙企业财产份额是否适用 32 号文》，载国务院国有资产监督管理委员会网站，http://www.sasac.gov.cn/n2588040/n2590387/n9854167/c11349294/content.html，最后访问时间：2025 年 6 月 23 日。

③ 参见《关于国资基金转让持有的股权是否进场交易问题的咨询》，载国务院国有资产监督管理委员会网站，http://www.sasac.gov.cn/n2588040/n2590387/n9854167/c30160558/content.html，最后访问时间：2025 年 6 月 23 日。

第四部分　困境资产的轻资产管理问题

轻资产服务的产生，本质上是对现实生活中管理服务需求的回应。轻资产和重资产对应，重资产是指实质性持有资产，享有资产的所有权；而轻资产则是指并不享有资产的所有权，仅为资产提供运营管理等方面的服务。举例而言，业主持有资产，业主和资产之间的关系就是重资产；物业公司为业主和资产提供物业管理服务，物业公司和资产之间的关系就是轻资产。

问题 27 轻资产服务中有哪些重点关注事项？

具体到困境资产，现实中存在对轻资产管理服务输出的迫切需求。以银行或信托等金融机构而言，如金融机构以拍卖、变卖或者以物抵债等方式受让了困境资产，成为困境资产的所有权人，金融机构通常不具备对困境资产进行运营管理的专业人员储备，于是需要专业机构提供运营管理或者监督管理方面的服务。基于此，随着困境资产数量增多，针对困境资产的轻资产服务业务应运而生。但某些相关机构或者从业人员片面地以为轻资产服务并没有实际投入资金，仅是以建议的形式提供管理服务，包括管理章、证、照，银行账户或文件资料等，最终决策由业主即委托人作出，并不会承担任何责任或者即便承担责任也较轻微。这种观点显然过于乐观或者随意，忽视了轻资产服务表象下所掩盖的不确定风险。本节作为本章的首节，将从整体角度剖析轻资产服务中有哪些需重点关注的风险点。

法条链接

《民法典》

第九百一十九条 委托合同是委托人和受托人约定，由受托人处理委托人事务的合同。

第九百三十七条 物业服务合同是物业服务人在物业服务区域内，为业主提供建筑物及其附属设施的维修养护、环境卫生和相关秩序的管理维护等物业服务，业主支付物业费的合同。

物业服务人包括物业服务企业和其他管理人。

《安全生产法》（2021 修正）

第五条 生产经营单位的主要负责人是本单位安全生产第一责任人，对本单位的安全生产工作全面负责。其他负责人对职责范围内的安全生产工作负责。

第十六条 国家实行生产安全事故责任追究制度，依照本法和有关法律、法规的规定，追究生产安全事故责任单位和责任人员的法律责任。

第四十九条 生产经营单位不得将生产经营项目、场所、设备发包或者出租给不具备安全生产条件或者相应资质的单位或者个人。

生产经营项目、场所发包或者出租给其他单位的，生产经营单位应当与承包单位、承租单位签订专门的安全生产管理协议，或者在承包合同、租赁合同中约定各自的安全生产管理职责；生产经营单位对承包单位、承租单位的安全生产工作统一协调、管理，定期进行安全检查，发现安全问题的，应当及时督促整改。

矿山、金属冶炼建设项目和用于生产、储存、装卸危险物品的建设项目的施工单位应当加强对施工项目的安全管理，不得倒卖、出租、出借、挂靠或者以其他形式非法转让施工资质，不得将其承包的全部建设工程转包给第三人或者将其承包的全部建设工程支解以后以分包的名义分别转包给第三人，不得将工程分包给不具备相应资质条件的单位。

理论分析

需要明确指出的是，以下对于轻资产服务的类型划分均在困境资产的基础上作出，针对非困境资产的轻资产服务则不在分析范围内。

（一）投后监管服务

一般而言，所谓投后监管服务，是指委托方（如信托等金融机构）在完成某项投资以后，聘请专业机构对被投资公司及项目进行监管，以确保被投资公司及项目不发生有损于委托方利益的行为。投后监管服务的服务范围包括如下几个方面。

1. 监管被投资公司及困境资产的章、证、照

“章”是指被投资公司的公章、法人章、财务章及合同专用章等。“证”是指困境资产的国有土地使用证、房屋所有权证（或不动产权证）、建设用地规划许可证、建设工程规划许可证、建筑工程施工许可证、预售许可证、立项批复、不动产登记证明等。“照”是指被投资公司的营业执照、房地产开发企业资质证书、税务登记证、开户许可证、机构信用代码证等。

对于如何监管章、证、照，实践中最通行的做法就是放置在保险箱中。如果是提供监管服务的服务机构单独监管，保险箱的密码和钥匙均由该机构掌管；如果是服务机构与被投资公司共同监管，则一方持有钥匙，另一方持有密码。但也存在一些其他细节问题值得关注。

（1）保险箱的放置地点。对于金融机构而言，如果保险箱放置在自己能够有效控制的地点是最好的选择，但往往难以实现。仅仅将保险箱置于

被投资公司处或者项目所在地，其实难以保障保险箱的绝对安全，仍然存在被投资公司铤而走险破坏保险箱的可能性，而且不排除使用特殊手段可以实现打开保险箱而不留痕迹的可能。

（2）安装摄像头监控。摄像头监控，对于监督保险箱的使用有一定作用。但也存在一定的技术制约，如监控内容存储的时间往往有限制，短则几日，长则数月，储存的内容就会被新的内容覆盖。除非经常性地回顾，否则日后很难追查或举证。

（3）重新刻制印章问题。重新刻制印章的目的是做到印章的新老划断。例如，金融机构委托监管服务机构提供监管服务的时间是 2024 年 1 月 1 日，且该日已完成新印章的刻制和使用，那么日后如出现某份合同的签署日期是在 2024 年 1 月 1 日以后，但加盖的公章却是老的、已废止的印章，那么首先该份合同就不存在监管机构的监管问题，其次该份合同存在在监管前提前加盖的可能，甚至不排除是被投资企业伙同其他方在提前加盖印鉴的空白纸张上打印的可能。同时，若存在金融机构向被投资企业提供融资前的、需要被投资企业承担负债或责任的合同，也可以对公章的盖章时间进行鉴定，以便明确盖章时间与签署时间是否存在冲突或者其他问题。

（4）法定代表人签字的监管问题。实践中，金融机构较难委派适当人员担任法定代表人，一方面是因为金融机构仅是融资方角色，另一方面担任法定代表人也需承担安全生产及信用等方面责任。但如果法定代表人仍是被投资企业的人员，实践中就存在法定代表人自行对外代表被投资企业签订合同，甚至自行或委托人员参与诉讼、仲裁等的可能。

实践中，对于法定代表人能否仅以签字的方式授权代理人参与诉讼有相应案例，这也可以进一步引申为在同时存在加盖公章的授权委托书和法定代表人签署的授权委托书时二者效力孰高的问题。在“某餐饮公司、某贸易公司股东资格确认纠纷再审审查与审判监督案”① 中，最高人民法院认为，根据《民事诉讼法》关于“法人由其法定代表人进行诉讼”的规定，王某作为某餐饮公司的法定代表人，其撤回某餐饮公司再审申请的请求，不违反法律规定。故，从对外关系而言，法定代表人天然即代表公司，有权代表公司为相应法律行为，该等行为的法律后果也应由公司承担。即便公司对于法定代表人有权限方面的限制，但这种限制也仅具有对内效力，而不具有对善意相对方的对外效力。

因此，对于法定代表人签署授权或直接代表公司问题，实践中确实较难进行控制，对此监管服务机构应当向委托方金融机构提前释明存在这一风险，并提供缓释这一风险的建议，如更换法定代表人、从公司章程上对法定代表人的权利作出必要限制等。而对于金融机构，也应对被投资企业及其法定代表人等进行必要的沟通和约束，释明利害关系，并及时通过从公开信息查询等手段对被投资企业和困境资产的重大事宜尤其是诉讼、执行案件等进行跟踪调查。

2. 监管被投资公司的银行账户和 U 盾等

对于被投资公司的银行账户，监管服务机构把控其密码，并应确保所有账户不开通网银，而只能通过柜台转让的方式，以此控制账户的资金支出。若开通网银，则应该将控制资金支出的复核 U 盾掌控在监管服务机构或委托人自己手中，以避免资金转出失控。

3. 监管被投资公司的合同签署

在对被投资企业进行监管的情形下，合同签署是监管的重点。对于合同应采取何种监管尺度呢？这主要取决于委托人金融机构和监管服务机构确定的监管形式。有的采用形式审核，不进行实质审核，最终由金融机构

① 最高人民法院（2018）最高法民申 51 号民事裁定书。

审批；有的则需要进行实质审核，提出实质性判断意见，再由金融机构审批。这样说也很笼统，但总的原则是对于金融机构授权范围内的合同审批，监管服务机构人员可发挥其主观能动性，在把控风险的基础上安排用印；但对于金融机构授权范围以外的事项，尤其是涉及重要事项、大标的额相关合同时，则应及时告知金融机构，并由金融机构最终审批。

此外，如何保障申请文件和实际用印文件一致的问题也至关重要，有必要引进办公自动化（Office Automation，以下简称 OA）系统。被投资企业若要申请使用章、证、照，需经 OA 系统提交申请，在监管机构审批后，再经金融机构审批才能最终使用。对于用印文件，用印后立即进行扫描并将用印文件扫描版本上传至 OA 系统存档，以备后续核查之用，同时也避免用印过程中出现夹带未申请资料的情况。对于使用或外借章、证、照等情况，则需要监管服务机构人员携带章、证、照随同办理，避免章、证、照脱离监管。尽管在任何章、证、照保管和使用的过程中，均无法避免监管服务机构人员的道德风险，但 OA 系统的引进、监控装置的配备、经常性的核查等均有利于减少道德风险的发生，或在存在道德风险时及时作出应对。

4. 监管被投资企业和困境资产的特殊或重要事项

尽管从委托方金融机构和监管服务机构的委托协议角度出发，对于被投资企业和困境资产的特殊、重要事项监管未必在委托范围内。但实际上监管机构也有必要对于诸如被投资企业被起诉、被提起仲裁，被投资企业股权被质押、冻结，或者困境资产被查封等事项，及时采用书面形式向金融机构进行报告，以便金融机构及时了解以开展相应的反应动作，否则监管机构的监管则存在实质上的疏漏和不足。

监管服务机构在面临激烈市场竞争的情况下，采用的应对方式往往是压低报价。固然，通过价格上的优势也许能够取得一定的竞争优势，但监管服务机构还是应当在专业人员储备及监管专业度上下功夫，否则，以低价格取得合作机会，又因承担不了高额的人员成本而只能提供初级或者低质的监管服务，一旦出现问题，不仅品牌信誉度损失严重，而且承担赔偿责任风险的可能较高。

（二）运营管理服务

某些困境资产因原业主的混乱经营而陷于困境，在通过拍卖、变卖或以物抵债等方式处置给金融机构后，存在通过改善经营管理而实现保值增值的可能。

金融机构重点关注困境资产的营收、支出及现金流情况，一方面在于让困境资产自负盈亏，最好是能够形成正现金流；另一方面在于困境资产若能形成正现金流，且收益情况较好，那么也有利于后续适时出售，以便收回融资及成本。因此，对被投资企业及困境资产的监管重点就要求困境资产的所有营收都应归入指定的账户，账户的再出款受到约束和限制；同时，对于支出，被投资企业满足日常需要的预算内支出应经监管机构审批，对于非预算内支出，则必须经运营管理机构审批后再经委托方金融机构审批。

此外，对困境资产的运营管理重点有如下几个方面需要关注。

1. 出租情况

摸清出租情况有助于后续优化运营管理。出租情况重点包括如下几个方面。

承租人及承租的详细情况。摸清承租人情况能够为运营管理打下坚实的基础。尤其是在金融机构通过拍卖、变卖或以物抵债等方式取得困境资产所有权后，金融机构对于困境资产的实际运营情况可能并不了解，加之原业主也未必能够如实、完整、准确地披露有关困境资产的运营情况。这就对金融机构或其委托的运营管理机构提出了极大的挑战。

不同的承租人承租面积、位置不同，且所签署的租赁合同也未必基于同样的模板，某些强势承租人可能使用自己的模板，或者对出租人的模板进行较大幅度的调整。租赁合同模板的选择有较大的意义，突出体现在违约责任及解约责任方面，因为后续金融机构或运营管理机构可能会采取某些特殊方式改善运营情况，若届时需清租，则不同的解约责任会产生不同的解约成本。

区分承租人是否原业主的关联方。对于一些关联方，可以通过查询其股权关系进行识别，但也有一些关联方，其实际控制人为自然人，该自然人是否与原业主存在某种特殊关系，从股权关系上就无法查询，而只能通过其他方式尝试获取。当然，也可通过租金来进行初步识别，若租金畸低甚至零租金，则关联方的可能性较高；若为市场化租金水平，则关联方的身份敏感性就降低了。

租期也是需掌握的重要情况，租金处于低水平且租期较长的承租人应重点关注。是否存在二房东及转租情况也需关注。若存在二房东，其承租面积往往较大，且租金会相对较低（目的是通过转租而赚取租金差）、租期会相对较长。此时，二房东的租金占困境资产整体租金的比例会较高，一旦其经营出现问题，对困境资产影响也较大。故，通常而言，金融机构或运营管理机构不宜直接对二房东采取清租的手段，因为其对于短期内稳定困境资产营收水平有帮助，但最好能够和二房东增加租金调整的频率或幅度（尤其是在二房东承租发生在困境资产被抵押或查封后时），以利于未来困境资产提升营收水平及提升困境资产整体价值。在不存在二房东时，也应关注其他承租人是否存在转租情形。一旦转租，相应的租赁面积就涉及业主、承租人和次承租人等多主体的关系。有时甚至存在不止一次转租等情况。

2. 物业管理情况

物业管理情况直接影响困境资产的运营管理水平及营收情况。不论金融机构或运营管理机构，均应对困境资产所处的物业管理区域、物业管理所处的物业服务阶段是前期物业服务阶段还是普通物业服务阶段、物业管理区域内是仅有金融机构一家业主还是多家业主、物业服务企业的背景情况等进行全方位了解。这是因为物业管理企业尽管是服务单位，但其履职情况对业主影响很大，也很大程度上决定了困境资产的品质。即便在综合各种因素后认为可以解除物业服务关系，也不排除物业服务企业在未达目的情况下拒不交接或者拒不离场等。这在实践中经常发生，由此可能造成的损失往往难以预计。对于金融机构而言，相比较一般企业，其所能够采取的措施更受到限制。我们在本书后续内容中将涉及很多与物业管理有关的困境资产问题，在此不逐一赘述。

3. 人防面积

除人防面积异地建设情形外，建筑物均有其人防面积。按照人防面积谁建设、谁使用、谁受益的基本原则，业主对人防面积有使用的权利，一般应向当地主管部门申请办理使用许可。在具体项目中，人防面积可能实际作为车位使用，也可能作为仓库等使用，但不论作何使用，业主仅可以利用，但并不享有其所有权，其所有权归国家所有。

对于困境资产而言，对人防面积具体情况的摸排也很必要。可以对人防面积进行必要的使用，合法有效地利用人防面积对于困境资产的保值增值也有重要意义。

4. 车位情况

某些情况下，困境资产的车位有其对应的产权证书，只要登记在金融机构名下，金融机构就可以行使其所有权。也有一些情况下，车位属于人防车位，对此，在困境资产范围内，金融机构也享有利用的权利。但在特殊情况下，尤其是困境资产仅是某一物业管理区域内的部分面积时，某些地面车位或者地下车位的使用权如何划分，可能较为模糊，或者受制于原业主与相邻业主签署的某些协议安排。这同样需要金融机构或运营管理机构进行摸排，以最大限度地利用困境资产创造价值。

5. 预算管理

预算管理相当于给运营管理机构一个使用资金的范围限制，对于金融机构而言是必要的，有利于提前控制支出。但考虑到金融机构往往是支行或者分行等作为当初给困境资产原业主融资的主体，也是拍卖、变卖或以物抵债后的困境资产新业主，金融机构存在使用印章程序较为烦琐等问题，故一般而言，预算管理应实事求是地提供给运营管理机构相当的权限。只有在超出预算范围后，才需金融机构进行特定的审批。

6. 章、证、照的保管及使用

对于困境资产运营管理，金融机构应认识到存在对及时性的突出要求，即运营管理过程中经常遇到很多琐碎的事情，需要在较短时间内申请使用章、证、照。但如前所述，对于经拍卖、变卖或以物抵债后的困境资产，金融机构系其业主，而金融机构不宜经常性地对困境资产运营管理过程中遇到的各种事宜进行用章审批，这不符合金融机构的业务本质。故，很多情况下，金融机构会采用包租方式，将困境资产整体出租给运营管理机构，形式上体现为出租关系，而实质则是运营管理关系，如此便可以由运营管理机构对外进行合同签署等。这种操作主要解决的仍是“章”的问题，对于证、照的保管和使用仍取决于金融机构内部如何决策其使用安排。

（三）代建、代管服务

目前市场上的代建、代管服务机构主要分为两类。一类是开发商系，即开发商开拓轻资产服务而成立的子公司，并以提供代建服务为主，依托其开发商上下游产业链优势，提供从设计、建设直至销售的全流程代建服务，但基本不参与代管。另一类是不动产管理机构，依托其专业人才储备，开拓代建、代管业务。相较而言，前者实力更为雄厚，在各地均有其子公司或分公司，各地项目都能参与，这是后者所不具备的优势，也导致后者无法同时开展多个代建、代管项目，以及议价能力不强。

对于困境资产而言，金融机构往往因困境资产或其原业主“暴雷”后无法收回融资，进而不得不通过交易形式取得困境资产的所有权。由于不具有相关专业人才储备，金融机构有需求聘请专业代建机构或代管机构。

对于代建项目，站在金融机构角度，针对困境资产，金融机构的原则往往是尽量减少再投入并增加收益。对于建设再投入，其对应因素是建设成本；对于增加收益，其对应因素是销售业绩。故，代建机构应当重点关注如下事项。

1. 建设成本

不论困境资产状态是尚未开发建设，抑或建设过程中烂尾，后续投入都是必然。在金融机构和代建机构的博弈中，建设成本主要是后续开发所需的投入，至于此前项目上遗留的纠纷可能导致的损失，或者后续项目销售所需要的销售费用等，则不在建设成本的范围之内。此外，对于建设成本的考量还有一个因素，即开发周期。若项目的目标是同时开工，那么项目所需的投入必然较大，但好处是短期内建筑市场的价格是相对稳定的，不会出现较大幅度的波动，这有利于代建机构估算；若项目的目标是先开发部分，根据回款情况陆续开发建设，即形成滚动开发的模式，那么项目首批次的投入虽然不大，并可能后续形成滚动效应，但是开发周期势必拉长，长周期内建筑市场的价格波动可能性相对较高，这将对代建机构的估算造成困难，甚至难以估算。

因此，不同于小开发商持有优质地块资源和大开发商系的代建机构合作，金融机构针对困境资产选择代建机构需要综合考虑成本和收益，甚至更重前者。这就给代建机构提出更高要求，否则，将在与金融机构的对赌安排（如有）中可能承担相应责任。

2. 销售业绩

对于销售业绩，也往往存在对赌安排，并直接关系到代建机构的服务费的收取。在目前的市场形势下，影响销售业绩的因素是较多的，包括政府限购、居民收入水平、项目所在地经济吸引力水平等。此外，开发周期对于销售业绩也是有影响的，如果开发周期较长或者各楼盘滚动开发，那么很难对销售业绩情况作出较为准确的预判。

3. 安全责任

某种程度上，安全责任也是一种或有成本。从目前监管层面看，安全责任仍是悬在每个项目建设单位头上的一把剑，对于建设单位的法定代表人或其他直接责任人员同样如此。金融机构在接手困境资产后，安全责任应当摆在和“保交楼”“保交付”同等重要的位置上。对于代建机构，同样应十分重视安全问题，且不可忽视安全问题，进而给金融机构带来风险，也影响自身代建业务的开拓。

对于代管项目，站在金融机构角度，更多的是希望代管机构代替金融机构从事实质性的监管，类似于前文中提到的项目监管机构角色，故代管机构应重点关注：（1）章、证、照的管控；（2）项目合同的审核及审批；（3）项目财务账户的管理及成本、预算监管等。对此，可参照前文项目监管相关内容。

实务建议

轻资产服务机构往往寄希望于依靠专业管理服务的输出，取代重资产投资的发展模式，在经济新常态下走出一条可持续发展道路。但往往事与愿违，作为服务方，责任与风险意识并不能抛在脑后，反而应当时时处处防范风险，避免在赚取服务费同时形成潜在的风险压力。任何合作在顺利时都相安无事，但一旦遭遇困难，任何主体都有避险的下意识动作，机构同样需要转嫁风险。即便合同中有相关免责条款，也无法排除因故意或重大过失而承担责任的可能。对此，轻资产服务机构应予以高度重视，否则一个项目的失败，就可能成为压死骆驼的最后一根稻草，这并非危言耸听。

问题28 困境资产依法处置后，受让方是否应与承租人重签租赁合同？

实践中，当困境资产被以转让、拍卖、变卖、以物抵债等方式交易或处置时，困境资产的受让人随后将面临一个现实问题，即在困境资产现有的全部租赁合同的签署方中，出租人仍是困境资产的原业主。在此情形下，受让人作为新业主是否应和各承租人重新签订租赁合同？

法条链接

《民法典》

第七百二十五条 租赁物在承租人按照租赁合同占有期限内发生所有权变动的，不影响租赁合同的效力。

《最高人民法院关于审理城镇房屋租赁合同纠纷案件具体应用法律若干问题的解释》（2020修正）

第十四条 租赁房屋在承租人按照租赁合同占有期限内发生所有权变动，承租人请求房屋受让人继续履行原租赁合同的，人民法院应予支持。但租赁房屋具有下列情形或者当事人另有约定的除外：

（一）房屋在出租前已设立抵押权，因抵押权人实现抵押权发生所有权变动的；

（二）房屋在出租前已被人民法院依法查封的。

《最高人民法院关于人民法院民事执行中拍卖、变卖财产的规定》（2020修正）

第二十八条　拍卖财产上原有的担保物权及其他优先受偿权，因拍卖而消灭，拍卖所得价款，应当优先清偿担保物权人及其他优先受偿权人的债权，但当事人另有约定的除外。

拍卖财产上原有的租赁权及其他用益物权，不因拍卖而消灭，但该权利继续存在于拍卖财产上，对在先的担保物权或者其他优先受偿权的实现有影响的，人民法院应当依法将其除去后进行拍卖。

《最高人民法院关于人民法院办理执行异议和复议案件若干问题的规定》（2020修正）

第三十一条　承租人请求在租赁期内阻止向受让人移交占有被执行的不动产，在人民法院查封之前已签订合法有效的书面租赁合同并占有使用该不动产的，人民法院应予支持。

承租人与被执行人恶意串通，以明显不合理的低价承租被执行的不动产或者伪造交付租金证据的，对其提出的阻止移交占有的请求，人民法院不予支持。

参考案例

某文化传媒公司与某网络通信公司房屋租赁合同纠纷案[①]

某袜业公司与某网络通信公司签订了《房屋租赁合同》，该网络通信公司承租了该袜业公司的某不动产。在租赁期间，该不动产变更登记至某文化传

① 北京市东城区人民法院（2022）京0101民初2454号民事判决书。

媒公司名下。此后，该文化传媒公司因该网络通信公司要求进行更名及迟延支付租金等与该网络通信公司产生纠纷，诉请解除租赁合同、支付违约金等。

该案的一审民事判决书中，北京市东城区人民法院认为，租赁物在承租人某网络通信公司按照合同占有期限内发生所有权变动的，不影响租赁合同的效力。同时，法院也指出，合同履行中，某网络通信公司以产权人变更为由，提出签署主体变更协议并无不当。鉴于某网络通信公司已支付拖欠的租金，法院仅判决其按租赁合同标准向原告某文化传媒公司支付迟延违约金。

理论分析

《民法典》第七百二十五条规定的是我们惯常了解的“买卖不破租赁”原则。对该条的理解分析，包括如下三个方面。第一是租赁物发生了所有权的变动。这里的“买卖”宜作扩大解释，从实质上看，不论是转让、拍卖、变卖，还是以物抵债，都体现为租赁物的所有权人发生了变更，因此，拍卖、变卖或以物抵债和转让同样适用“买卖不破租赁”的规定。第二是租赁物的所有权变动发生在租赁期限内，否则，就不会产生租赁权和所有权变动之间的关系问题。第三是所有权变动不影响租赁合同的效力，受让人和承租人都可以主张租赁合同的继续履行，即受让人可以要求承租人继续按照租赁合同的约定支付租金，承租人也可以在剩余的租赁期限内按照租赁合同约定行使对租赁物的占有、使用和收益等权利。

但是，尽管“买卖不破租赁”是一项法定的原则，其适用仍受到一定条件的限制，主要包括以下例外情形：（1）房屋在出租前已设立抵押权，因抵押权人实现抵押权发生所有权变动；（2）房屋在出租前已被人民法院查封。也就是说，当以租赁物为抵押物设立的抵押权设立在先或者租赁物被人民法院查封在先的，发生拍卖、变卖或以物抵债等所有权变动时，租赁权不能对抗抵押权或者查封。至于承租人的权利如何保护，则应向出租人主张租赁合同不能履行的合同责任。

此外，值得关注的是，主张“买卖不破租赁”的承租人必须实际占有使用不动产。根据“黄某与某投资公司、某资产管理公司案外人执行异议案”二审民事判决书，最高人民法院认为，租赁合同系诺成性合同，实际占有使用不动产是合同的履行问题，是否实际履行并不影响其合同效力。若承租人没有实际占有使用不动产，则不享有排除人民法院执行程序中强制移交的权益，只能向出租人主张租赁合同不能履行的合同责任。[①]

实务建议

“买卖不破租赁”事关承租人和租赁物所有权变动后受让人的合法权益，故建议对于受让人，在转让、拍卖、变卖或以物抵债后，应当及时向承租人发送有关租赁物产权已转移的通知，并提供新的租金收款账户。必要时，也可就重新签订新的租赁合同与承租人进行协商，进一步明确双方之间的权利义务，但未签订并不影响该受让人作为出租人所享有的收取租金等权利。如受让人发现存在不符合“买卖不破租赁”适用条件的情形，也应及时调查，排除租赁权，维护自身权益。对于承租人，也应根据“买卖不破租赁”适用条件维护自身合法权益，并适时提出异议。

问题29 若承租人已向困境资产原业主预付租金，困境资产权属转移后的新业主是否有权向租户继续要求支付租金？

实践中，如果最终通过以物抵债的方式对困境资产进行了处置，受让人实质上成为困境资产上存续的租赁关系中的出租人。但由于租金往往是按季

① 最高人民法院（2020）最高法民终913号民事判决书。

度或者其他方式预付的，就会存在这样的问题，即承租人已经向以物抵债的债务人（以物抵债前困境资产的原业主、原出租人）预付了租金，承租人是否还需要向以物抵债的债权人即目前的困境资产新业主、新出租人再支付租金呢？比如，原出租人和承租人之间租赁合同约定的租金付款方式是按季度支付，承租人在3月25日预付了4月1日至6月30日三个月租金，但人民法院关于以物抵债的裁定于4月30日送达债权人。根据《最高人民法院关于人民法院民事执行中拍卖、变卖财产的规定》第二十六条的规定，困境资产的所有权自以物抵债裁定送达买受人时起转移，即受让人在4月30日已成为困境资产的所有权人和实际的出租人。从新业主、新出租人的角度出发，当然希望从4月30日起自己成为所有权人和出租人这一天就开始收取租金；但从承租人的角度出发，承租人已经向原所有权人和原出租人支付租金到了6月30日，如果再向现所有权人和出租人支付租金，就承担了4月30日至6月30日期间的双倍租金。此外，承租人向原出租人已缴纳的租赁保证金也存在同样的问题。我们在本节中剖析的就是这个难题。

法条链接

《民法典》

第九百八十五条 得利人没有法律根据取得不当利益的，受损失的人可以请求得利人返还取得的利益，但是有下列情形之一的除外：

（一）为履行道德义务进行的给付；

（二）债务到期之前的清偿；

（三）明知无给付义务而进行的债务清偿。

《最高人民法院关于人民法院民事执行中拍卖、变卖财产的规定》(2020修正)

第二十六条 不动产、动产或者其他财产权拍卖成交或者抵债后，该不动产、动产的所有权、其他财产权自拍卖成交或者抵债裁定送达买受人或者承受人时起转移。

参考案例

某置业公司与某投资公司不当得利纠纷案[①]

某投资公司是某号楼的原所有权人。2019年8月19日，法院在司法网络平台对标的不动产进行公开拍卖。2019年8月30日，法院作出裁定，载明某置业公司于2019年8月20日以最高价竞得标的不动产，标的不动产的所有权于裁定送达某置业公司之日起转移。拍卖成交裁定于2019年9月2日分别送达某置业公司和某投资公司。某置业公司于2019年9月30日取得不动产权证书。

在此之前，某投资公司已将该楼房产分别出租给承租人，并向各承租人收取租赁保证金和租金。2019年年底至2020年年初，某置业公司先后与承租人就原租赁合同签订了补充协议，补充协议均约定原租赁合同所约定的某投资公司的权利和义务均由某置业公司概括承受；自产权变更日起，租金及其他物业经营收益等归某置业公司所有；承租人已支付至某投资公司的相关费用（包括租赁保证金及租金），由某置业公司自行与某投资公司进行资金划转。在补充协议中，部分承租人就其向某投资公司支付的租赁保证金、产权变更日前支付的最后一期租金以及某投资公司应向某置业公司移交的租金的具体数额进行了确认。

此后，某置业公司称其此后多次与某投资公司协商沟通及发函，某投资公司未向某置业公司移交租赁保证金及产权变更日后的租金，遂起诉要求某投资公司返还租赁保证金、返还租金，并赔偿迟延返还的利息损失。

---

① 北京市第三中级人民法院（2021）京03民初439号民事判决书。

针对返还租金，北京市第三中级人民法院认为，在涉案房产所有权转移至某置业公司后，某投资公司基于原租赁关系所占有的各承租人交纳的租金，已不具备法律根据，且使某置业公司的利益受损，应属不当得利，依法应予返还。双方对于楼宇所有权转移的时间存在争议。对此，《最高人民法院关于人民法院网络司法拍卖若干问题的规定》第二十二条规定，网络司法拍卖成交的，由网络司法拍卖平台以买受人的真实身份自动生成确认书并公示。拍卖财产所有权自拍卖成交裁定送达买受人时转移。《最高人民法院关于人民法院民事执行中拍卖、变卖财产的规定》第二十九条[①]规定，不动产、有登记的特定动产或者其他财产权拍卖成交或者抵债后，该不动产、特定动产的所有权、其他财产权自拍卖成交或者抵债裁定送达买受人或者承受人时起转移。

针对返还保证金，法院认为，租赁保证金的性质为承租人向出租人交纳的为保证租赁合同履行的款项。据本案中查明的事实，某置业公司通过网络司法拍卖程序取得涉案房产的所有权，其享有对楼宇的占有、使用、收益等一切权利，并承受了出租人的地位，同时某投资公司丧失楼宇所有权人和出租人的地位及权利。基于此，某置业公司亦已与各承租人重新签订租赁合同补充协议，约定某置业公司作为租赁合同的继受主体继续与原承租人履行租赁合同，承租人同意相应的租赁保证金转移给某置业公司。在此情况下，某投资公司继续占有承租人交纳的租赁保证金，已不具备法律根据，并使某置业公司的利益受损，应属不当得利，依法亦应予返还。

理论分析

基于上述案例，对于承租人向原所有权人、原出租人所预付的租金或

① 对应《最高人民法院关于人民法院民事执行中拍卖、变卖财产的规定》（2020修正）第二十六条。

缴纳的租赁保证金，本质上属于原所有权人、原出租人的不当得利问题。

针对不当得利，一般认为其构成要件包括四个方面。第一，一方取得利益。就本节所讨论的问题，即原出租人应获得其所不应当所有的租金或租赁保证金。第二，另一方受到利益损害，即现出租人应当收取的租金和租赁保证金的权益被原出租人所侵害。第三，一方取得利益和另一方受到利益损害之间存在因果关系。原出租人所取得利益和现出租人所受到的损失是相对应的，正是因为原出租人取得利益才导致现出租人的权益受到侵害。第四，一方取得利益是缺少法律依据的。在所有权转移至现出租人后，原出租人和承租人之间的租赁合同法律关系已终止，原出租人继续持有承租人预付的租金和缴纳的租赁保证金已不再具有任何法律基础。

当不当得利成立时，应如何保障权利人的合法权益呢？首先，不当得利是债发生的原因之一，即因存在不当得利，而在取得利益的一方和利益受损的另一方之间形成了债的关系，前者应向后者进行不当得利的返还。具体而言，这种不当得利的返还，其主体应该是无法律依据而取得利益的一方向利益受损的另一方的返还，其客体应为取得利益一方所获得的财产利益，也包括所衍生的其他利益，如孳息等。

实务建议

如上述分析，现出租人有权依据不当得利向原出租人要求进行租金和租赁保证金的返还，但实践中的情形往往更为复杂，且需要考量更多的商业因素。有的现出租人就认为，原出租人固然非法地占有了不属于其所有的租金和租赁保证金，但原出租人往往早已在困境资产被拍卖、变卖或以物抵债的情况下濒临困境，其收取的租金或租赁保证金也早已挥霍殆尽，更重要的还是稳固好目前的承租人，这才是现出租人作为困境资产所有权人未来收益的保障和来源。故，一般而言，建议现出租人要及时了解困境资产目前的租赁情况，包括租赁期限起止、租金水平和预付情况、租赁保证金缴纳情况等，并和各承租人签订租赁合同的补充协议，甚至在租赁行情下行时通过降低租金保证承租人继续承租或续租等，明确现出租人的租金收取权。同时，现出租人可以通过诉讼等方式向原出租人主张不当得利的返还。尽管未必能够全额取回，但只要能够返还部分，即对于现出租人对困境资产的运营管理有所助益。

问题30 困境资产在被查封后能否通过出租等方式利用？

不动产一旦成为困境资产，不动产所有权人的债权人就可能对不动产采取查封的保全手段。由于不动产具有很大的价值，在查封后，不动产能否继续出租使用，不仅对于债务人非常重要，是其还债的重要来源；对于债权人也非常重要，是其债权能在多大程度上得到实现的重要因素。下面我们将就此进行相关的分析。

法条链接

《民法典》

第七百二十五条 租赁物在承租人按照租赁合同占有期限内发生所有权变动的，不影响租赁合同的效力。

《最高人民法院关于审理城镇房屋租赁合同纠纷案件具体应用法律若干问题的解释》（2020修正）

第十四条 租赁房屋在承租人按照租赁合同占有期限内发生所有权变动，承租人请求房屋受让人继续履行原租赁合同的，人民法院应予支持。但租赁房屋具有下列情形或者当事人另有约定的除外：

（一）房屋在出租前已设立抵押权，因抵押权人实现抵押权发生所有权变动的；

（二）房屋在出租前已被人民法院依法查封的。

《最高人民法院关于人民法院办理执行异议和复议案件若干问题的规定》（2020修正）

第三十一条　承租人请求在租赁期内阻止向受让人移交占有被执行的不动产，在人民法院查封之前已签订合法有效的书面租赁合同并占有使用该不动产的，人民法院应予支持。

承租人与被执行人恶意串通，以明显不合理的低价承租被执行的不动产或者伪造交付租金证据的，对其提出的阻止移交占有的请求，人民法院不予支持。

《最高人民法院关于人民法院民事执行中查封、扣押、冻结财产的规定》（2020修正）

第十条　查封、扣押的财产不宜由人民法院保管的，人民法院可以指定被执行人负责保管；不宜由被执行人保管的，可以委托第三人或者申请执行人保管。

由人民法院指定被执行人保管的财产，如果继续使用对该财产的价值无重大影响，可以允许被执行人继续使用；由人民法院保管或者委托第三人、申请执行人保管的，保管人不得使用。

第二十四条　被执行人就已经查封、扣押、冻结的财产所作的移转、设定权利负担或者其他有碍执行的行为，不得对抗申请执行人。

第三人未经人民法院准许占有查封、扣押、冻结的财产或者实施其他有碍执行的行为的，人民法院可以依据申请执行人的申请或者依职权解除其占有或者排除其妨害。

人民法院的查封、扣押、冻结没有公示的，其效力不得对抗善意第三人。

《最高人民法院关于适用〈中华人民共和国民事诉讼法〉的解释》(2022修正)

第一百五十四条 人民法院在财产保全中采取查封、扣押、冻结财产措施时，应当妥善保管被查封、扣押、冻结的财产。不宜由人民法院保管的，人民法院可以指定被保全人负责保管；不宜由被保全人保管的，可以委托他人或者申请保全人保管。

查封、扣押、冻结担保物权人占有的担保财产，一般由担保物权人保管；由人民法院保管的，质权、留置权不因采取保全措施而消灭。

第一百五十五条 由人民法院指定被保全人保管的财产，如果继续使用对该财产的价值无重大影响，可以允许被保全人继续使用；由人民法院保管或者委托他人、申请保全人保管的财产，人民法院和其他保管人不得使用。

参考案例

李某、某旅游文化公司等确认合同无效纠纷案[①]

李某因与郑某等民间借贷纠纷案件，自2016年起即申请查封了郑某位于聊城的某房产。2021年1月19日，该房产被莘县人民法院裁定以物抵债给李某。同日，李某取得了案涉房产产权。2020年10月26日，某旅游文化公司与某建材公司签订《商铺租赁合同》一份，某旅游文化公司将案涉房产中的某房屋的160平方米的商铺租赁给某建材公司使用，租赁期限自2020年10月1日至2023年9月30日。李某以某旅游文化公司、某建材公司就人民法院已经查封房屋所签订的《商铺租赁合同》违反了法律的禁止性规定为由，请求确认合同无效。

① 山东省聊城市中级人民法院（2022）鲁15民终3597号民事判决书。

聊城市中级人民法院在该案二审民事判决书中认为，李某诉请某旅游文化公司和某建材公司之间签订的租赁合同无效能否成立为该案的争议焦点。《商铺租赁合同》虽签订于李某申请莘县人民法院查封郑某的房产之后，但目前法律、行政法规中并无针对查封后禁止擅自对外出租的效力性强制性规定。《最高人民法院关于人民法院能否在执行程序中以被执行人擅自出租查封房产为由认定该租赁合同无效或解除该租赁合同的答复》阐明，被执行人擅自处分查封物，与第三人签订的租赁合同，并不当然无效，只是不得对抗申请执行人。第三人依据租赁合同占有查封物的，人民法院可以解除其占有，但不应当在裁定中直接宣布租赁合同无效或解除租赁合同，而仅应指出租赁合同不能对抗申请执行人。故，案涉房产被查封的事实并不影响查封后新设立的租赁合同的效力。

理论分析

对于租赁在先、查封在后的情形，本书其他部分已有所述及。根据“买卖不破租赁”原则，承租人在租赁合同项下的权利并不受不动产所有权人变化的影响。但对于查封在先、租赁在后的情形，实践中普遍存在，但又似乎没有特别明确的规则。

我们注意到，《最高人民法院关于在执行工作中进一步强化善意文明执行理念的意见》指出，应灵活采取查封措施。对能“活封”的财产，尽量不进行“死封”，使查封财产能够物尽其用，避免社会资源浪费。查封被执行企业厂房、机器设备等生产资料的，被执行人继续使用对该财产价值无重大影响的，可以允许其使用。此外，最高人民法院在历年的工作报告中也屡次提及“活封”。“活封”的目的就在于让被查封的财产充分地利用起来，这样对于债权人和债务人而言都是优选，有利于被查封财产的效益最大化。

根据《最高人民法院关于适用〈中华人民共和国民事诉讼法〉的解释》第一百五十四条和第一百五十五条的规定，采取查封措施的，人民法院应当妥善保管被查封的财产。不宜由人民法院保管的，人民法院可以指定被保全人负责保管；不宜由被保全人保管的，可以委托他人或者申请保全人保管。若由人民法院指定被保全人保管的财产，如果继续使用对该财产的价值无重大影响，可以允许被保全人继续使用。对此，《最高人民法院关于人民法院民事执行中查封、扣押、冻结财产的规定》也有同样的规定。因此，对于查封后进行租赁，并没有禁止性的规定，这同样符合上文所提及的"活封"及最大程度利用被查封财产的原则。

既然查封后并不禁止对不动产进行出租使用，那么查封后签订的租赁合同是否有效呢？如上述参考案例所提及的《最高人民法院关于人民法院能否在执行程序中以被执行人擅自出租查封房产为由认定该租赁合同无效或解除该租赁合同的答复》，查封后签订的租赁合同是有效的。这也符合目前审慎认定合同无效的趋势。但是，由于租赁在后而查封在先，承租人的租赁权利不能对抗针对不动产的执行措施。对于承租人依据租赁合同占有查封物的，人民法院可以解除其占有。

需要注意的是，查封是必须进行公示的，否则其效力不能对抗善意第三人。这里的善意第三人理论上应包括购买被查封不动产的善意第三人，也包括租赁被查封不动产的善意第三人。当然，针对购买被查封不动产的善意第三人，由于存在不动产登记的问题，可能最终并不能完成买卖交易。但对于租赁被查封不动产，由于实践中不受登记的限制，故可能存在查封未经公示且善意的承租人也不知悉查封的情形，就会导致查封不能对抗善意第三人。

实务建议

实践中，由于不动产已经进入困境资产的状态，其所有权人往往已处于经营的极度困难中。法院在进行拍卖、变卖或者以物抵债过程中，可能也未必对于困境资产尤其是一些规模和面积较大的地产项目的租赁情况了解得非常清晰。这就很可能导致拍卖、变卖或者以物抵债的受让人在收到人民法院的裁定后才慢慢了解到租赁的详细情况，其中就包括查封在先而租赁在后的情形。此时，建议受让人尽量摸排清楚租赁的具体情况，包括租赁期限、租金水平和租赁保证金等。如果该承租人同意重新签订符合双方诉求的租赁合同，那么为了“稳商”，受让人出于商务考量也可以考虑接受；但如果无法与该承租人达成符合受让人预期的谈判结果，或者该承租人就是原出租人故意埋下的“雷”，那么受让人也应通过法律途径解除该租赁关系，对于承租人因无法履行合同而受到的损失应向原出租人进行主张。

问题31 商业管理合同能否参照“买卖不破租赁”主张优先权？

实践中，在拍卖、变卖或以物抵债后，经常遇到债务人即困境资产的原业主在拍卖、变卖或以物抵债前已经将困境资产委托第三方进行运营管理的情形。那么，对于该等委托运营管理，能否像租赁法律关系一样主张“买卖不破租赁”呢？

法条链接

《民法典》

第七百二十五条 租赁物在承租人按照租赁合同占有期限内发生所有权变动的，不影响租赁合同的效力。

第九百一十九条 委托合同是委托人和受托人约定，由受托人处理委托人事务的合同。

参考案例

三亚某酒店公司与兰州某投资公司、北京某投资公司案外人执行异议案[①]

兰州某投资公司与北京某投资公司借款合同纠纷一案在审理过程中，法院依据兰州某投资公司的申请，保全查封了某房屋。法院后续作出判决：北京某投资公司在判决生效后向兰州某投资公司偿还借款本金、利息及逾期利息，并支付兰州某投资公司律师费及诉讼保全担保费等。

此后，兰州某投资公司向法院申请强制执行。执行过程中，法院在2023年2月9日对房屋张贴公告。但三亚某酒店公司提出了执行异议。三亚某酒店公司对法院的查封和拍卖无异议，但认为拍卖后的买受人应当履行房屋的《物业委托经营管理合同》。理由如下：三亚某酒店公司是产权式酒店。执行标的物的初始业主（买方、甲方）邢某于2008年1月31日与三亚某酒店公司（乙方）签订了《物业委托经营管理合同》。该《物业委托经营管理合同》第六条约定："所有权人和经营权人的变更。在委托期限内，如果甲方将其房产抵押、转让、赠送或继承给其他任何第三方(以下简称受让人)，受让人便代替甲方成为标的物的合法所有人。甲方应确保受让人接受本合同项下全部条款和条件的制约，即受让人作为甲方有权享有本合同项下的全部权利，同时承担本合同项下的全部义务。如果发生上述合法所有人变更情况，甲方应提早15天将变更书面通知乙方。"委托期限是2008年1月31日至2026年12月31日，共18年。《物业委托经营管理合同》签订后，三亚某酒店公司依照合同经营管理该房屋，业主依据合同每年分红。后原业主邢某将房屋转让给北京某投资公司。北京某投

① 北京市第一中级人民法院（2023）京01执异260号执行裁定书。

资公司成为业主后，继续遵守《物业委托经营管理合同》，即房屋继续由三亚某酒店公司经营管理，北京某投资公司享有了每年分红权，即直接承受《物业委托经营管理合同》的权利义务。三亚某酒店公司认为，根据“买卖不破租赁”的原则，请法院在拍卖时注明三亚某酒店公司在《物业委托经营管理合同》的合同期内不向买受人交付房屋，买受人继续履行直至该合同期限届满为止（合同到期日为 2026 年 12 月 31 日）。

法院在执行裁定中认为，三亚某酒店公司与邢某于 2008 年 1 月 31 日就案涉房屋签订《物业委托经营管理合同》，约定邢某将房屋委托给三亚某酒店公司经营管理，三亚某酒店公司的行为视同为邢某的行为，邢某的收入为案涉房屋作为客房经营每公历年总收入的 35%。从上述约定内容可以看出，《物业委托经营管理合同》是邢某将房屋委托给三亚某酒店公司按照酒店统一标准进行管理、维护、经营的合同，邢某以案涉房屋作为客房经营管理的每公历年总收入的 65% 为报酬支付给三亚某酒店公司，因此，该《物业委托经营管理合同》并非出租人将租赁物交付承租人使用、收益进而获取稳定租金收益的租赁合同。三亚某酒店公司依据上述合同提出的法院在拍卖案涉房屋时应注明三亚某酒店公司享有在《物业委托经营管理合同》约定的期限内不向买受人交付房屋的权利，并继续占有房屋直至上述合同期限届满为止的主张，依法不能成立，故对其所提异议不予支持。

理论分析

上述案例是实践中经常遇到的案例类型。其所涉及的焦点问题包括两个。第一，委托经营合同或者委托管理合同能否适用“买卖不破租赁”原则？第二，委托经营合同或者委托管理一类合同应该如何认定？

针对第一个问题，“买卖不破租赁”原则规定于《民法典》第七百二十五条。一般认为，租赁权属于物权化的债权。所有权体现为占有、使用、处分和收益，对于租赁权而言，体现为占有、使用和收益。租赁权更倾向于对租赁物的使用并取得相应收益，不论出租人是谁，承租人都向其履行支付租金的义务。同时，“买卖不破租赁”是明确规定于法律之中的条款。相较之下，委托经营或委托管理类的法律关系，在委托人和受托人之间所形成的是债权关系，且并不属于法定权利，因此，并不能参照租赁权类推适用“买卖不破租赁”。

针对第二个问题，首先要明确的是，实践中我们所碰到的各种合同，往往其名称与其实质是不同的，有的是故意为之，有的则是签署各方都没有意识到。比如，某合同名为“股权转让合同”，实际上则是明股实债，其实质是借款合同。根据《民法典》第九百一十九条的规定，委托合同是委托人和受托人约定，由受托人处理委托人事务的合同。故委托合同的本质在于，委托人在信赖受托人的前提下，委托受托人提供劳务而形成的合同，但并不要求一定有偿，委托合同也可以是无偿的。而根据《民法典》第七百零三条的规定，租赁合同是出租人将租赁物交付承租人使用、收益，承租人支付租金的合同。故租赁合同的本质在于，出租人将租赁物的占有、使用、收益的权益以承租人支付租金为对价在特定期限内转让给承租人。

在明确委托合同和租赁合同的定义基础上，我们再分析委托经营合同或委托管理合同是否是租赁合同就会比较清晰。就商铺、写字楼、产权式酒店等订立的合同名为委托经营合同或委托管理合同，但并不能因其名而界定其性质。若合同约定委托人将租赁物委托给受托人进行经营管理，但经营管理的风险均是委托人承担，即受托人经营情况好，那么委托人取得的收益高，相应受托人的收益也高；受托人经营情况不佳，那么委托取得的收益相应降低，受托人的收益也降低；甚至在入不敷出的情况下，也是委托人承担其后果。那么，该合同确实具有委托合同的性质，应当认定其性质为委托合同，不能适用“买卖不破租赁”。但是，若合同中约定委托人将租赁物委托给受托人进行经营管理，经营管理的风险由受托人承担，不论租赁物的经营情况好与坏，受托人都有义务固定支付给委托人一定金额投资回报，即便出现亏损也不例外。那么，该合同就应认定为虽名为“委托”，但实质是“租赁”的合同，适用“买卖不破租赁”。在“严某与某投资公司房屋租赁合同纠纷案”中，上海市宝山区人民法院在一审民事判决书中即认为，该合同虽然名为委托经营管理合同，但约定的回报款有按期计算的固定标准，属于租金性质，故双方合同关系应认定为房屋租赁合同。严某通过司法拍卖取得系争商铺的所有权，根据买卖不破租赁的原则，原《委托经营管理合同》仍发生效力，现严某要求某投资公司根据合同约定的标准支付欠付的租金回报，合法有据，予以准许。①

实务建议

实践中，作为困境资产原业主委托的提供商业管理的主体，在困境资产被转让、拍卖、变卖或者以物抵债后，往往会提出执行异议，希望适用“买卖不破租赁”，这样可以继续为困境资产提供服务并收取相应的利益。对此，作为转让、拍卖、变卖或以物抵债的受让人，应当首先明确这些委托合同的签署时间。如果签署时间在查封之后，即便其实质是租赁合同，也不能对抗执行。如果签署时间在查封之前，那么就要通过对委托合同的审核，来明确判断其实质是委托合同还是租赁合同。若为委托合同，如上述分析，不能够适用“买卖不破租赁”原则；若为租赁合同，则存在适用“买卖不破租赁”的可能。

此外，如确实为委托合同，往往也不是不能适用“买卖不破租赁”而可以简单解决的，其中可能涉及很多商务方面的考量。例如，受托提供经

① 上海市宝山区人民法院（2022）沪0113民初13078号民事判决书。

营管理的主体拒不配合该如何处理？通过诉讼等方式虽能够最终解决，但难免会因旷日持久而给后续对困境资产的改造、经营和管理带来诸多困难。所以受让人往往会通过和经营管理方的谈判甚至某种程度上的让利或赔偿来达到清场的目的。当然，这种做法不具有代表性或普适性，因项目因时因地的不同而有所不同，应具体问题具体分析。

问题32 人防面积应如何利用？

所谓“人防”，全称为“人民防空”。人防面积是指人民防空工程面积。根据《人民防空法》的规定，人防工程包括为保障战时人员与物资掩蔽、人民防空指挥、医疗救护等而单独修建的地下防护建筑，以及结合地面建筑修建的战时可用于防空的地下室。对于人防工程的建设，应在保证战时使用效能的前提下，有利于平时的经济建设、群众的生产生活和工程的开发利用。这是对人防工程利用的基本原则。

具体到困境资产，对困境资产业主或通过拍卖、变卖或以物抵债等方式成为困境资产新业主而言，在投资困境资产或运营管理困境资产过程中，应有效利用困境资产的人防面积，将有助于困境资产使用效率的提高，进而一定程度上增加困境资产的价值。

法条链接

《人民防空法》（2009修正）

第五条 国家对人民防空设施建设按照有关规定给予优惠。

国家鼓励、支持企业事业组织、社会团体和个人，通过多种途径，投资进行人民防空工程建设；人民防空工程平时由投资者使用管理，收益归投资者所有。

第十八条 人民防空工程包括为保障战时人员与物资掩蔽、人民防空指挥、医疗救护等而单独修建的地下防护建筑，以及结合地面建筑修建的战时可用于防空的地下室。

第二十条 建设人民防空工程，应当在保证战时使用效能的前提下，有利于平时的经济建设、群众的生产生活和工程的开发利用。

第二十六条 国家鼓励平时利用人民防空工程为经济建设和人民生活服务。平时利用人民防空工程，不得影响其防空效能。

参考案例

栾某、某公司商品房销售合同纠纷再审案[①]

根据最高人民法院在本案民事裁定书中的意见，本案属于商品房销售合同纠纷，本案审查的重点为《商品房买卖合同》中约定的转让地下车库及社区用房的权利性质及该合同的效力。最高人民法院认为：

关于《商品房买卖合同》中约定的转让地下车库及社区用房的权利性质问题。《商品房买卖合同》并未明确约定转让的标的物为地下车库和社区用房的所有权，不能仅以合同名称为《商品房买卖合同》，认定合同中约定转让的对象为地下车库和社区用房的所有权。由于地下车库和社区用房均无法办理产权，不属于商品房，双方当事人对此均应明知，双方当事人的真实意思应为转让地下车库和社区用房的使用权。

关于《商品房买卖合同》的效力问题。因地下车库兼具有人防工程性质，其所有权属于国家，依法不得转让，但地下车库的使用权可以转让流通。吉林市人民防空办公室已对案涉地下车库（人防工程）出具《结建人防工程防护质量竣工验收确认书》，载明防护质量合格，并已按规定办理

① 最高人民法院（2020）最高法民申4493号民事裁定书。

竣工档案移交，准许使用。某公司对案涉地下车库（人防工程）依法享有使用权，其与栾某签订《商品房买卖合同》，将地下车库和社区用房使用权转让给栾某，并不违反法律强制性规定。

最终，最高人民法院驳回了栾某的再审申请。

长某公司北京分公司等侵权责任纠纷二审案①

在北京市第一中级人民法院的二审民事判决书中，法院认为案件争议的焦点问题之一是，涉诉人防车位使用权及管理权的归属问题。人防工程使用权、管理权归投资者享有，人防工程的使用权及管理权的取得属于行政许可范畴，由行政机关根据公民、法人或者其他组织的申请，依法进行审查并准予其从事特定的活动。本案中，天某公司系涉诉小区的开发建设单位，在小区开发建设中按照建设规范要求进行人防工程配套建设。其后，天某公司向相关部门申请使用涉诉人防工程，并得到了相关行政部门的行政许可，而某家园业委会及长某公司北京分公司承认目前并未就涉诉人防车位的使用权获得相关行政部门的许可授权，故根据现有证据来看，天某公司理应享有涉诉人防车位的使用权及管理权。在确定了天某公司享有涉诉人防车位使用权及管理权的前提下，法院经论证也不存在相关约定将上述权利转移给某家园业委会及长某公司北京分公司的情形。

上述论述主要集中在相关人防车位的使用权和管理权主体应取得行政许可，并通过正反两个方面进行论证。正面是相关行政机关审查并准予从事特定活动，反面是是否存在将该等使用权和管理权转移的情形。

理论分析

从上述案例可知，人防工程的所有权属于国家，其所有权不得转让，

① 北京市第一中级人民法院（2019）京01民终3601号民事判决书。

但并不限制人防工程的使用。《人民防空法》第五条还规定，国家鼓励企事业单位投资建设人防工程，人防工程平时由投资者使用管理，收益归投资者所有。这划定了人防工程的权属边界，归国家而非单位或个人所有，不能进行所有权的转让，除此以外，人防工程的平时使用应予以鼓励。

人防工程包括为保障战时人员与物资掩蔽、人民防空指挥、医疗救护等而单独修建的地下防护建筑，以及结合地面建筑修建的战时可用于防空的地下室，故人防工程均为地下建筑。就实际情况而言，人防工程主要表现为地下车位或者地下室，其中以地下车位为主，主要系由于在停车资源稀缺的城市中，地下车位更具有利用价值。对于地下车位，一般而言，若项目为单一业主，则该业主享有该地下车位的使用及管理权；若项目为多业主，尤其是开发商已针对项目进行散售，如上述案例二，容易产生纠纷，但有观点认为开发商仍享有该等地下车位的使用及管理权。地下室也是同理。区别在于地下车位和地下室的不同用途。地下车位一般进行出租或者使用权的转让，而地下室主要是用于储物或者出租给租户使用。

以北京为例，《北京市人民防空条例》第二十二条规定，平时利用人民防空工程应当经所在地区、县人民防空主管部门批准，并按规定使用。具体而言，北京市主管人民防空相关事宜的部门是北京市国防动员办公室。若需对人防工程进行平时利用，应向所在地区、县国防动员办公室提出申请。审批通过的，获发《平时使用人民防空工程准予行政许可决定书》，有效期为三年。

实务建议

对于通过转让、拍卖、变卖或以物抵债而成为困境资产的新业主而言，无论通过股权或资产交易形式，或者融资无法收回而通过拍卖、变卖或以物抵债取得困境资产所有权，尽管从所有权上无法就人防工程进行登记，但是人防工程仍具有极大的利用价值。一方面，人防工程的面积往往较大，对于大体量的项目可达到上千或数千平方米；另一方面，对人防工程尤其是人防车位的出租可以稳定地产生持续现金流，对于稳定困境资产现金流具有重要意义。对此，建议新业主可从如下三个方面着手：第一，通过查看困境资产的图纸，明确人防工程的范围。第二，申请人防工程平时使用的许可。若目前有效许可的权利人为原业主，应及时将该等权利收回，并办理变更。第三，除人防车位外，对人防地下室等应结合其他产权面积的出租或使用等综合考量，将地下室作为招租的有效筹码。

问题33 困境资产依法处置后，受让人是否应与承租人重签物业管理合同？

在通过转让、拍卖、变卖或以物抵债途径变更困境资产所有权后，受让人成为困境资产的所有权人即业主，受让人是否需要和物业服务企业重新签订物业管理合同呢？这一问题看似比较简单，但实际上牵涉的情形很多，下面我们将一一道来。

法条链接

《民法典》

第九百三十七条 物业服务合同是物业服务人在物业服务区域内，为业主提供建筑物及其附属设施的维修养护、环境卫生和相关秩序的管理维护等物业服务，业主支付物业费的合同。

物业服务人包括物业服务企业和其他管理人。

第九百三十九条 建设单位依法与物业服务人订立的前期物业服务合同，以及业主委员会与业主大会依法选聘的物业服务人订立的物业服务合同，对业主具有法律约束力。

《物业管理条例》(2018修订)

第十五条 业主委员会执行业主大会的决定事项，履行下列职责：

（一）召集业主大会会议，报告物业管理的实施情况；

（二）代表业主与业主大会选聘的物业服务企业签订物业服务合同；

（三）及时了解业主、物业使用人的意见和建议，监督和协助物业服务企业履行物业服务合同；

（四）监督管理规约的实施；

（五）业主大会赋予的其他职责。

第十七条 管理规约应当对有关物业的使用、维护、管理，业主的共同利益，业主应当履行的义务，违反管理规约应当承担的责任等事项依法作出约定。

管理规约应当尊重社会公德，不得违反法律、法规或者损害社会公共利益。

管理规约对全体业主具有约束力。

第二十五条 建设单位与物业买受人签订的买卖合同应当包含前期物业服务合同约定的内容。

《最高人民法院关于审理物业服务纠纷案件适用法律若干问题的解释》(2020修正)

第四条 因物业的承租人、借用人或者其他物业使用人实施违反物业服务合同，以及法律、法规或者管理规约的行为引起的物业服务纠纷，人民法院可以参照关于业主的规定处理。

参考案例

于某、某物业公司物业服务合同纠纷案①

2016年10月8日，某置业公司与冯某签订了《商品房买卖合同》。2017年2月，某置业公司通知冯某办理房屋交接手续。2017年11月21日，冯某在《接收确认单》上签字，确认接收以下物品及签署文件若干。某物业公司与冯某签订的《前期物业管理服务协议》约定：前期物业服务期限自房屋交付之日起，至小区业主大会成立并与其选定的物业服务企业签订《物业管理服务合同》，且选定的物业服务企业正式接管小区物业服务之日止。2018年12月3日，于某获得不动产权证书。

该案一审法院认为，于某于2018年12月3日取得案涉房屋所有权，且根据某物业公司提交的历月电费明细及于某陈述，能够证实于某在案涉小区居住。虽于某、某物业公司双方未签订物业服务合同，但于某作为小区业主，事实上享受了某物业公司提供的房屋共用部位的维护和管理、房屋共用设施设备及其运行的维护和管理、环境卫生、保安、交通秩序等方面的物业服务，不能仅因某物业公司未交付门禁卡为由不履行缴纳物业费的义务。

二审法院也持同样意见。

理论分析

上述案例表明，在业主发生变更的情况下，即便受让人未再与物业服务企业签订物业服务合同，但是并不影响受让人向物业服务企业支付物业费。相应地，物业服务企业也应当按照物业服务标准继续提供物业服务。

① 山东省潍坊市中级人民法院（2021）鲁07民终4526号民事判决书。

实际上，由于物业服务的复杂性，该问题可以根据物业管理区域内存在单一业主还是非单一业主来进一步引申出很多相关问题。

所谓单一业主，是指在该项目所在物业管理区域仅有一个业主。例如，某个商场物业，其所有权人是单一主体，其所在的物业管理区域只有该业主。在这种情况下，已不必区分前期物业服务阶段和物业服务阶段，因为只有单一业主存在。若该项目沦为困境资产，并且其所有权人因转让、拍卖、变卖或以物抵债等方式变更为其他主体，原则上，受让方可以继续聘用原来的物业服务企业，也可以解聘选择新的物业服务企业，甚至解聘后自己来管理。

所谓非单一业主，是指在该项目所在物业管理区域存在一个以上的业主。仍以某个商场物业为例，可能该商场物业存在散售的情形，而困境资产并通过转让、拍卖、变卖或以物抵债方式变更所有权的仅是商场的一部分，如一栋塔楼或者裙楼等。

对于非单一业主的情形，就需要进一步区分所处的不同物业服务阶段来进行分析。物业服务分为前期物业服务阶段和物业服务阶段。所谓前期物业服务阶段，是指建设单位依法与物业服务人订立的前期物业服务合同所对应的阶段。所谓物业服务阶段，是指业主委员会与业主大会依法选聘的物业服务人订立的物业服务合同所对应的阶段。

前期物业服务阶段的特征体现为，前期物业服务合同的签署主体是建设单位和物业服务企业双方。这是因为此时物业尚未销售或者尚在销售中，由物业单位作为一方主体和物业服务企业签署前期物业服务合同，能够为项目提供必要的物业服务。建设单位在销售物业前，应制定临时管理规约，对有关物业的使用、维护、管理，业主的共同利益，业主应当履行的义务，违反临时管理规约应当承担的责任等事项依法作出约定。并且，建设单位在物业销售前应将临时管理规约向购房人明示及说明，购房人在与建设单位签订物业买卖合同时，也应当对遵守临时管理规约予以书面承诺。建设单位与物业买受人签订的买卖合同应当包含前期物业服务合同约定的内容。因此，后续该项目房屋的购房人都应遵守临时管理规约及前期物业服务合同的内容。

物业服务阶段的特征体现为，其签署主体是业主委员会和物业服务企业双方。根据《业主大会和业主委员会指导规则》第八条的规定，物业管理区域内，已交付的专有面积超过建筑物总面积50%时，建设单位应当按照物业所在地的区、县房地产行政主管部门或者街道办事处、乡镇人民政府的要求，及时报送筹备首次业主大会会议所需的文件资料。也就是在项目已售并且交付达到一定比例后，即达到成立业主大会的条件，此时业主们就应当为自身的利益考虑，而不能简单地延续适用建设单位和物业服务企业签订的前期物业服务合同。业主大会召开后选举其常设机构业主委员会。业主大会有权选聘和解聘物业服务企业，并由业主委员会和物业服务企业签订物业服务合同。业主委员会或者业主与新物业服务人订立的物业服务合同生效后，前期物业服务合同终止。

在受让人不是该物业管理区域的唯一业主且处于前期物业服务阶段时，该物业管理区域存在前期物业服务企业，受让人可以作为业主之一继续接受前期物业服务。若受让人不认同前期物业服务企业的服务，在前期物业服务企业还存在时，即意味着业主大会尚未召开，业主委员会尚未选举，此时，受让人只能按照《业主大会和业主委员会指导规则》的规定去选择促成业主大会的召开并选举业主委员会，选聘新的物业服务企业。如果受让人通过转让、拍卖、变卖或以物抵债方式取得的产权面积较大，将有利于受让方在这一过程中发挥重要作用。

在受让方不是该物业管理区域的唯一业主，且处于物业服务阶段时，该物业管理区域存在物业服务企业，受让方可以作为业主之一继续接受物业服务。若受让方不认同物业服务企业的服务，受让方作为业主之一可以通过推动业主大会解聘现有物业服务企业并选聘新的物业服务企业。根据《民法典》第二百七十八条的规定，选聘和解聘物业服务企业属于业主共同决定事项，应当由专有部分面积占比 2/3 以上的业主且人数占比 2/3 以上的业主参与表决，并经参与表决专有部分面积过半数的业主且参与表决人数过半数的业主同意。如果受让方单独能符合该条关于选聘和解聘物业服务企业在专有面积和表决人数的要求，那么受让方就有单独决定该物业管理区域物业管理事项的权利；否则，受让方就没有单独决定该物业管理区域内物业管理事项的权利，需要受让方和其他业主共同配合。一般而言，在困境资产所在的物业管理区域内项目存在散售的情况时，受让方较为可能在专有面积上达到《民法典》第二百七十八条的要求，但在表决人数即户数上无法达到，或者在专有面积和表决人数上均达不到。

实务建议

实践情况往往比理论探讨更为复杂多变，牵涉法律及商务等多重考量。不论是在前期物业服务阶段还是物业服务阶段，如果通过拍卖、变卖或以物抵债方式取得困境资产所有权的受让方愿意接受目前既存的物业服务企业提供的物业服务，不重新签订物业服务合同并不会导致双方之间不存在实际的物业服务关系。较为复杂的是受让方不认同物业服务企业所提供的服务，一方面可以按照前述的分析通过促成召开业主大会的方式选聘新的物业服务企业这一法律手段，另一方面也需要结合物业服务企业的具体情况从商务方面考虑是否有更好的解决途径，以便更快地推进困境资产的改造升级和运营管理，维护受让方的合法权益。

问题34 困境资产依法处置后，受让人如何处理与原物业服务单位关系？

对于困境资产，其所有权人在转让、拍卖、变卖或以物抵债后已发生变化，此时，新业主如何处理与原物业服务企业关系，对于新业主是一个非常现实的问题。尤其在困境资产的处置中，在物业管理区域内占有较大比例面积的受让人普遍对物业管理有自己的诉求，此时，往往就会和物业服务企业在利益上产生碰撞。比如，某综合体项目中，部分塔楼和裙楼同属于一个业主，并因该业主无法清偿贷款而被最终被以物抵债方式处置给了债权人，此时，如果债权人作为新业主和物业服务企业之间对于物业服务问题产生争议，就涉及题述问题。

法条链接

《民法典》

第二百七十八条 下列事项由业主共同决定：

（一）制定和修改业主大会议事规则；

（二）制定和修改管理规约；

（三）选举业主委员会或者更换业主委员会成员；

（四）选聘和解聘物业服务企业或者其他管理人；

（五）使用建筑物及其附属设施的维修资金；

（六）筹集建筑物及其附属设施的维修资金；

（七）改建、重建建筑物及其附属设施；

（八）改变共有部分的用途或者利用共有部分从事经营活动；

（九）有关共有和共同管理权利的其他重大事项。

业主共同决定事项，应当由专有部分面积占比三分之二以上的业主且人数占比三分之二以上的业主参与表决。决定前款第六项至第八项规定的事项，应当经参与表决专有部分面积四分之三以上的业主且参与表决人数四分之三以上的业主同意。决定前款其他事项，应当经参与表决专有部分面积过半数的业主且参与表决人数过半数的业主同意。

第九百三十九条 建设单位依法与物业服务人订立的前期物业服务合同，以及业主委员会与业主大会依法选聘的物业服务人订立的物业服务合同，对业主具有法律约束力。

第九百四十六条 业主依照法定程序共同决定解聘物业服务人的，可以解除物业服务合同。决定解聘的，应当提前六十日书面通知物业服务人，但是合同对通知期限另有约定的除外。

依据前款规定解除合同造成物业服务人损失的，除不可归责于业主的事由外，业主应当赔偿损失。

参考案例

维某公司与申某公司物业服务合同纠纷民事二审案[①]

维某公司与案外人 A 公司签订了《物业管理服务合同》，此后，维某公司、A 公司与申某公司签订了《三方协议》，A 公司将其在《物业管理服务合同》及其补充协议等文件中的权利和义务转让给申某公司。2021 年 1 月 15 日，申某公司就提前解约事宜向维某公司发送《告知函》，要求维某公司在 2021 年 1 月 17 日前履行合同义务，退出物业服务区域，妥善交接相关材料、手续及管理设施，如实告知物业的使用和管理状况，如到期未履行上述义务，因此造成申某公司及任何第三方的损失，由维某公司承

① 上海市第一中级人民法院（2021）沪 01 民终 15664 号民事判决书。

担相应的赔偿责任。维某公司不同意申某公司单方面解除双方之间的合同关系，并委托律师向申某公司发函，通知申某公司向维某公司支付服务费用，并切实履行双方之间的合同约定。

上海市第一中级人民法院在二审中认为，根据《民法典》第九百四十六条的规定，法律赋予了物业服务合同中业主任意解除物业服务合同的权利。本案中，维某公司与申某公司之间存在的《物业管理服务合同》约定，双方任何一方如需单方面解除合同，需提前一个月以书面形式通知对方，但仍需向另一方支付赔偿金，赔偿金支付标准为未执行合同年限，每年赔偿一个月。合同约定双方任何一方如需单方解除合同则按照约定程序进行的意思表示明确，该约定并未违反法律的规定。故，维持了一审关于判决《物业管理服务合同》解除、维某公司退出物业场地、申某公司向维某公司支付赔偿金等判决内容。

理论分析

上述案例是关于业主单方解除物业服务合同的案例，但并不能涵盖题述问题的全部可能性，下面将逐一分析。

对于一般的住宅而言，无论是普通住宅，还是别墅等豪宅，业主对于物业服务企业的关注点在于是能否提供良好的物业管理服务，以保障业主居住的舒适性和安全性，并能够有效维持或提升项目的居住品质。但对于综合体项目、商业项目或者办公楼项目，业主的关注点虽然也在于物业管理所带来的舒适性和安全性，但最终的落脚点则在于能不能吸引租户或者商户的入驻。只有租户或商户的入驻，才能带来收益，以进一步维持项目的经营管理。

近年来，社会上普遍有这样一种共识，即物业管理越发重要。好的物业服务往往是房价的保障，甚至是购房人判断是否购入的一个很重要因素。

对于商业或者办公项目同样如此。物业服务企业甚至成为某些项目交易中直接影响项目落地的关键因素。比如，笔者曾参与某个位于北京的地产项目交易，投资方希望以股权收购的方式购入某综合体项目的商业及办公物业部分，但该综合体项目曾进行过散售，且物业服务企业是目前项目实际控制人的关联方。项目最终没有推进下去，原因在于投资方担心交易成功后，尽管其所持有的专有部分面积足够大，但是在户数上只算一户，达不到变更物业服务企业的要求。后续存在受现有物业服务企业掣肘的可能。可见，在大型的商业、办公或综合体项目中，物业服务企业已不再单纯是物业服务的提供方，某种程度上已经成为和项目业主（们）进行利益博弈的一方。这也是题述问题产生的一个重要背景。

如果项目所在物业管理区域只有一个业主，且该业主因转让、拍卖、变卖或以物抵债等方式已变更为受让人，那么受让人作为项目的新业主，有权决定继续聘用原物业服务企业，解聘原物业服务企业并选聘新的物业服务企业，或者解聘原物业服务企业并自行管理。

如果项目所在物业管理区域并非只有一个业主，受让人在转让、拍卖、变卖或以物抵债后仅是业主之一，一般而言，受让人对于自己所持产权面积的物业管理如下有几种不同的处理方式：

第一种是维持现状。维持现状对于物业服务企业无疑是能够接受的，因为对其管理没有任何的影响，甚至受让人在物业管理费的支付方面比此前的业主还更有保障。但对于受让人，就涉及评估物业品质的问题。如果希望困境资产进一步提升租赁水平，增加经营管理收益，维持目前的物业服务水平可能难以实现该目的。故，一般仅在受让人对原物业服务企业的物业管理品质满意，且物业费为受让人所接受的前提下，受让人才能够接受维持现状的安排。

第二种是大物业和小物业模式。受让人对于目前的物业服务品质不满意，或者认为基于目前物业服务品质所收取的物业费过高，就可能使受让人催生出大物业和小物业划分的想法。所谓大物业，是指原物业服务企业，针对整个物业管理区域提供物业管理服务；所谓小物业，是指仅针对受让人的专有部分提供物业管理服务的，由受让人自行聘请的物业服务企业。大小物业并非法律上的概念，在法律、法规上也没有任何规定，属于在不违反法律、法规禁止性规定的前提下衍生出的实践操作。受让人自行聘请小物业，为其专用面积提供物业服务，可以有针对性地提升物业服务水平。但实现大小物业的划分，需要受让人和物业服务企业通过协商解决，受让人并没有权利要求物业服务企业一定接受这一安排。且在大小物业的模式下，大物业同样有权按照受让人所持专用面积来收取物业费，受让人需要同时承担大物业的物业费和小物业的物业费，因此，势必受让人需要让大物业在物业费方面给予一定的折扣和优惠，这也将增加大小物业谈判的复杂性和困难。一旦受让人和原物业服务企业沟通无果，受让人又有强烈意愿改善物业管理水平，那么就可能导致第三种情形。

第三种情形是谋求解聘物业服务企业。受让人若要谋求解聘物业服务企业，需要根据物业服务所处阶段而定。如果处于普通物业服务阶段，即项目已成立了业主大会并已选举出业主委员会。此时，若受让人拟推动解聘原物业服务企业，则应按照《民法典》第二百七十八条的规定，争取达到“双2/3”，即由专有部分面积占比2/3以上的业主且人数占比2/3以上的业主参与表决，并应当经参与表决专有部分面积过半数的业主且参与表决人数过半数的业主同意。

如果处于前期物业服务阶段，即尚未召开业主大会，也未选举产生业主委员会，那么由于前期物业服务合同是项目建设单位和物业服务企业所签订，根据合同相对性，似乎只有建设单位有权解除物业服务企业。但实际并非如此。《中华人民共和国民法典合同编理解与适用（四）》指出，物业开始销售后，前期物业合同的解除权只能由建设单位和业主协商行使，建设单位不能擅自解除前期物业服务合同。如果建设单位随意解除合同，必然会造成物业管理的无序或不稳定，损害全体业主利益。如果确实需要重新选聘物业服务人，可以通过召开业主大会，选举产生业主委员会，授权业主委员会进行。因此，除非建设单位与业主签订的房屋买卖合同中授权建设单位代为行使解聘、选聘物业服务人的权利，否则应由全体业主按照法定程序表决是否更换物业服务人，以保护业主的建筑物区分所有权及成员权。① 因此，在处于前期物业服务阶段且存在散售情况下，建设单位往往就是困境资产的债务人，已经不再是唯一业主，由建设单位和业主共同协商解除前期物业服务合同往往难以实现，此时就需要通过召开业主大会，以选举产生业主委员会的方式解聘原物业服务企业并选聘新的物业服务企业。相应地，物业服务阶段也从前期物业服务阶段过渡到普通物业服务阶段。

根据《业主大会和业主委员会指导规则》的规定，物业管理区域内，已交付的专有部分面积超过建筑物总面积50%时，建设单位应当按照物业所在地的区、县房地产行政主管部门或者街道办事处、乡镇人民政府的要求，及时报送筹备首次业主大会会议所需的文件资料。区、县房地产行政主管部门或者街道办事处、乡镇人民政府应当在收到业主提出筹备业主大会书面申请后60日内，负责组织、指导成立首次业主大会会议筹备组。筹备组应当自组成之日起90日内完成筹备工作，组织召开首次业主大会会议。业主大会自首次业主大会会议表决通过管理规约、业主大会议事规则，并选举产生业主委员会之日起成立。具体到各地的要求，以《北京市物业管理条例》为例，一个物业管理区域内，已交付业主的专有部分达到建筑

① 最高人民法院民法典贯彻实施工作领导小组主编：《中华人民共和国民法典合同编理解与适用（四）》，人民法院出版社2020年版，第2576页。

物总面积50%以上的，5%以上的业主、专有部分占建筑物总面积5%以上的业主或者建设单位均可以向街道办事处、乡镇人民政府提出成立业主大会的申请，居民委员会、村民委员会也可以组织达到前述条件的业主或者建设单位提出成立业主大会的申请。街道办事处、乡镇人民政府应当在接到成立业主大会书面申请后30日内，对提出申请的业主身份和申请进行审核，对符合业主大会成立条件的，指定居民委员会、村民委员会工作人员担任筹备组组长。筹备组应当自成立之日起60日内，组织召开首次业主大会会议。首次业主大会应当通过管理规约、业主大会议事规则，选举产生业主委员会委员和候补委员。

由此可见，受让人若通过推动和促成召开业主大会及选举产生业主委员会的方式更换现物业服务企业有其途径，只是其中可能涉及和其他业主、街道办事处、居民委员会等主体的沟通，这是较为复杂且耗时的一项工作。

实务建议

对于困境资产经转让、拍卖、变卖或以物抵债而发生所有权变更的受让人，特别是拍卖、变卖或以物抵债具有其特殊性，受让人很难像惯常交易一样进行详尽的尽职调查，对于困境资产所在项目可能缺乏了解，且无法了解其所存在的特殊性。那么，就需要受让人在取得所有权后，通过多种途径尽快了解困境资产的具体情况，并根据具体情况来衡量是否需要推动更换现物业服务企业，以及是否有足够的筹码和物业服务企业进行交换，以便尽快地实现困境资产物业服务水平的提升，进而维持或提升出租水平，以维持项目的经营管理。甚至，在出租情况持续向好的情况下，不排除有出售的可能以实现困境资产的解套。

问题35 委托管理与整租模式有何区别？

对于困境资产，其运营管理情况决定了其现金流，进而决定了资产品质。金融机构通过拍卖或以物抵债等方式接手了困境资产后，受专业领域的限制，缺乏运营管理方面的人员储备，一般会委托专业机构对困境资产进行运营管理，维持或提升困境资产水平。通常而言，金融机构可将困境资产整体委托给专业机构提供运营管理服务，或将困境资产整体出租给专业机构并由其作为二房东再进行转租。但这两种方式本质上属于不同法律关系，对于困境资产的业主和专业运营机构也各有利弊。本节主要从法律方面对二者的区别进行介绍和分析。

法条链接

《民法典》

第七百零三条　租赁合同是出租人将租赁物交付承租人使用、收益，承租人支付租金的合同。

第七百一十六条　承租人经出租人同意，可以将租赁物转租给第三人。承租人转租的，承租人与出租人之间的租赁合同继续有效；第三人造成租赁物损失的，承租人应当赔偿损失。

承租人未经出租人同意转租的，出租人可以解除合同。

第九百一十九条　委托合同是委托人和受托人约定，由受托人处理委托人事务的合同。

第九百三十三条　委托人或者受托人可以随时解除委托合同。因解除合同造成对方损失的，除不可归责于该当事人的事由外，无偿委托合同的解除方应当赔偿因解除时间不当造成的直接损失，有偿委托合同的解除方应当赔偿对方的直接损失和合同履行后可以获得的利益。

参考案例

夏某与某商场管理公司委托合同纠纷一审案①

重庆市永川区人民法院在该案一审民事判决书中认为，本案中，虽然《商铺委托经营管理协议》对于夏某和某商场管理公司行使解除权的条件作了特别规定，但是双方当事人不能以特别约定排除任意解除权的适用。首先，从立法本意看，任意解除权是法律赋予委托合同双方当事人的权利，是随时可以行使的。即便有约定，当事人亦可随时行使，约定并不能阻却任意解除权的行使。其次，基于人身信赖性之考量。委托合同的信赖关系并不限于熟人之间的信任，还包括对专业主体资质和能力的信任。一旦信赖的基础丧失，如果仍然坚持将委托人和受托人捆绑在委托合同关系中，则必然会对委托事务的履行造成不利影响，合同目的的实现也存在较大的不确定性。最后，解除合同造成对方损失，对方可以要求解除方赔偿损失，其权利能够依法得到救济。根据《民法典》第九百三十三条的规定，解除方因任意解除行为给另一方当事人造成损失的，另一方当事人不仅可以要求解除方赔偿直接损失，还能主张可得利益损失。因此，夏某要求解除《商铺委托经营管理协议》符合法律规定，本院予以支持。某商场管理公司如果认为夏某解除合同给其造成损失，可另行要求夏某赔偿损失。

故，重庆市永川区人民法院认为，委托合同当事人不能以特别约定排除任意解除权的适用，当事人可以任意解除权为由解除委托合同。若由此给对方造成损失的，可要求任意解除权行使一方赔偿损失。

---

① 重庆市永川区人民法院（2021）渝0118民初4433号民事判决书。

理论分析

如前所述，一般业主或通过转让、拍卖、变卖或以物抵债等方式成为业主的金融机构，均可以将困境资产委托给专业机构提供专业服务，或者将困境资产整体包租给专业机构。二者的主要区别包括如下几个方面。

第一，法律关系不同。若业主委托专业机构提供管理服务，在业主与专业机构之间成立委托合同法律关系。若考虑与具体租户之间的关系，则业主、专业机构、租户之间的关系更显复杂。通常而言，除业主与专业机构之间的委托合同法律关系外，专业机构受托以业主的名义对租户进行管理，二者之间主要是管理关系；业主和租户之间因签订租赁合同而形成租赁合同关系。若业主将资产整体租赁给专业机构，在业主与专业机构之间成立租赁合同关系。专业机构再向具体的租户进行转租，直接向租户收取租金，专业机构与租户之间也形成租赁合同关系。

法律关系不同给业主也提出不同的要求。在委托模式下，业主仅委托专业机构为困境资产及租户提供管理，仍需要直接与租户签订租赁合同。虽然租赁日常事务由专业机构负责，但租赁过程中涉及的事项很琐碎，如主体换签、合同变更、发缴费通知、发催款函等，这些不仅需要业主参与，而且涉及业主用印。那么，业主与专业机构就需要在委托合同中对于如何管理，包括但不限于银行保管、合同用印审批、银行账户管理等，进行细致的约定。在整租模式下，业主仅需要和专业机构签订一份租赁合同即可，专业机构再对外进行转租，转租过程中涉及的诸如前面提到的主体换签、合同变更、发缴费通知、发催款函等均由专业机构自行处理。总体而言，整租模式项下，业主所需参与的工作相对较少；反之，委托模式下，业主所需参与的工作相对较多。

第二，是否享有任意解除权方面存在不同。对于业主委托专业机构的情形，由于二者之间形成委托合同关系，根据《民法典》第九百三十三条的规定，委托人或受托人均享有任意解除权。对于业主将资产整租给专业机构的情形，由于二者之间形成租赁合同关系，不论是作为出租人的业主，还是作为承租人的专业机构，都不享有任意解除权。

关于委托合同关系项下的任意解除权问题，在此有必要适当展开，因为对于业主或专业机构而言，都非常重要。且其在轻资产领域适用的范围不限于商业管理方面的委托，还包括委托代建和委托代管等。《合同法》（已失效）第四百一十条规定，委托人或者受托人可以随时解除委托合同。因解除合同给对方造成损失的，除不可归责于该当事人的事由以外，应当赔偿损失。《民法典》第九百三十三条承继了《合同法》关于任意解除权的规定，原因主要有二。第一，基于人身信赖的考虑。委托人和受托人之间委托关系建立在信赖基础上，信赖基础丧失，委托的目的必然受到冲击或影响。第二，委托合同的履行本身即存在很多不确定性，是否继续委托或继续受托均宜给予委托人或受托人一定程度脱离开委托关系的权利。但《民法典》较《合同法》有所变化之处在于，在行使任意解除权的情形下，《民法典》对委托合同的有偿和无偿作了区分。若为无偿委托合同的，解除方应当赔偿因解除时间不当造成的直接损失；若为有偿委托合同的，解除方不仅应赔偿直接损失，还应赔偿合同履行后可获得利益。

关于任意解除权的另一个重要问题是能否在合同层面对法定的任意解除权作出限定，即排除任意解除权的适用？对此，理论和实践方面都有分歧，如有观点认为任意解除权是法定的，排除或限制其行使是无效的；也有观点认为限制任意解除权的条款是有效的。但目前较为普遍的观点是，鉴于实践中在委托合同中限制任意解除权的情形很普遍，该条款并非无效，但存在类似条款并不能真正限制任一方任意解除权的行使，合同的继续履行已无必要，可将任意解除权的行使作为一种违约情形追究行使一方的违约责任。

实务建议

国内目前所谓“轻资产”模式有很多，且随着商业的发展衍生出的模式也很多，不一而足，具体的选择仍然需要结合业主、专业机构、困境资产、租户的情况综合评估而定。比如，在委托模式项下，有业主会要求专业机构承诺保底收入，虽然对于困境资产而言可能性较低，但一旦有保底承诺就会给专业机构带来极大压力，需要在商务层面进行详细论证和测算；又如，在整租模式下，业主可以要求专业机构支付租金，租金可能是固定金额，也可能是固定金额加提成，即租金的构成形式也可以是多样的。

站在业主的角度上，以我们在本书中重点针对经拍卖、变卖或以物抵债方式成为困境资产业主的金融机构为例，金融机构的主业非运营管理，缺乏相关人才储备，在融资无法收回的情况下被迫成为困境资产业主后，由专业机构对困境资产进行运营管理是唯一的选择。至于金融机构选择采用何种管理模式，委托模式和整租模式都是选项。但结合金融机构的具体情况，整租模式可能是优先的选项。这是因为委托模式项下由金融机构直接和各租户签订租赁合同，并事必躬亲处理后续租赁过程中各种事宜，对于金融机构而言是无法实现的，甚至还可能存在监管等更深层次的问题。

在面对委托模式或整租模式的选择中，站在专业机构的角度，还有一个问题必须面对，即若采用委托模式，专业机构不得不面临随时可能被任意解除的可能。这是法律规定赋予委托人和受托人的权利，同时也成为悬在受托人脖颈上那把随时会落下的剑。实践中，不论委托人和受托人在合作前的沟通多么顺畅、合作中多么默契，都可能发生很多意想不到的问题，如委托人管理层人员的变动、委托人股东的变动及其他不可抗力，均可能导致委托合作无法进行下去，凸显了委托合同具有不确定性的合同特点。当然，如前所述，在任意解除权行使后，可以通过追究行使方违约责任来挽回相应损失，但这仍是专业机构在作出合作决策前应事先重点考虑的核心问题。

问题36 “二房东”所欠物业管理费是否需要业主承担？

实践中，某些物业资产被包租给了专业运营机构，并由该专业运营机构再向外转租，该主体即通常所说的“二房东”。一旦物业经营陷入困境，很有可能二房东的转租生意就难以为继，随之而来的是可能拖欠大量物业管理费。那么包租方二房东拖欠的物业管理费究竟应该由谁来承担呢？

法条链接

《民法典》

第九百四十四条 业主应当按照约定向物业服务人支付物业费。物业服务人已经按照约定和有关规定提供服务的，业主不得以未接受或者无需接受相关物业服务为由拒绝支付物业费。

业主违反约定逾期不支付物业费的，物业服务人可以催告其在合理期限内支付；合理期限届满仍不支付的，物业服务人可以提起诉讼或者申请仲裁。

物业服务人不得采取停止供电、供水、供热、供燃气等方式催交物业费。

《物业管理条例》（2018修订）

第四十一条 业主应当根据物业服务合同的约定交纳物业服务费用。

业主与物业使用人约定由物业使用人交纳物业服务费用的，从其约定，业主负连带交纳责任。

已竣工但尚未出售或者尚未交给物业买受人的物业，物业服务费用由建设单位交纳。

参考案例

杨某、北京某物业公司、成都某餐饮公司等物业服务合同纠纷二审案①

成都某置业公司是某项目的开发建设单位，北京某物业公司系成都某置业公司选聘的前期物业服务企业。成都某置业公司与北京某物业公司签订了《前期物业服务合同》，北京某物业公司委托其分支机构成都分公司持续为项目提供物业管理服务。成都某餐饮公司为项目商铺的租户，杨某为该物业业主，成都某餐饮公司与杨某于2019年1月9日签订了《房屋租赁合同》，约定成都某餐饮公司承租上述商铺，租期自2019年2月20日至2029年6月19日，建筑面积为588.89平方米，承租期内的物业服务费、电费、水费等均由成都某餐饮公司承担。成都某餐饮公司存在拖欠部分物业管理费的情形，虽经北京某物业公司多次催收，但至今仍未交纳。北京某物业公司认为，杨某作为商铺业主，应对成都某餐饮公司未交纳物业服务费承担连带责任。

成都市中级人民法院认为，本案二审争议焦点为杨某是否应对成都某餐饮公司租赁其房屋期间产生的物业费、电费、垃圾处置费承担连带责任。北京某物业公司与成都某置业公司签订的《前期物业服务合同》，对于杨某具有约束力。杨某作为案涉房屋的业主具有交纳物业服务费、水电费、

① 四川省成都市中级人民法院（2022）川01民终810号民事判决书。

垃圾处理费的支付义务。其与成都某餐饮公司签订的租赁合同约定仅系其与成都某餐饮公司之间对上述费用的处分，该约定不能对抗北京某物业公司行使对杨某上述费用的收取的权利。根据《物业管理条例》第四十一条的规定，业主与物业使用人约定由物业使用人交纳物业服务费用的，从其约定，业主负连带交纳责任。最终判决，杨某作为案涉房屋业主对成都某餐饮公司支付上述费用承担连带责任。

理论分析

二房东和业主之间的关系是租赁法律关系，即业主是出租人，二房东是承租人。对于物业管理区域只有一个业主的情形，业主如委托物业服务企业对物业管理区域提供物业管理服务，在物业服务合同项下的相对方就是业主和物业服务企业，根据合同相对性，物业服务企业主张物业管理费的主体只能是业主。虽然业主可以通过与二房东或者具体承租人的租赁合同约定将物业管理费的支付主体转嫁至二房东或承租人，但租赁法律关系和物业服务法律关系是两个独立的法律关系，物业服务企业和二房东之间并非同一法律关系项下的相对方。实践当中可以通过二房东或者具体承租人与物业服务企业签订合同的方式解决二房东或承租人直接支付租金的情形，但这仅属于具体问题具体处理的个案。

对于物业管理区域并非只有一个业主的情形，实际上，不论是处于前期物业阶段还是普通物业服务阶段，业主都不与物业服务企业直接签订前期物业服务合同或物业服务合同。前期物业服务合同是建设单位与物业服务企业签订的，物业服务合同则是业主委员会与物业服务企业签订的，前期物业服务合同和物业服务合同一定程度上突破了合同相对性而对业主具有约束力，但也仅能约束业主负有支付物业管理费的义务。

若业主与二房东之间的租赁合同约定二房东承担物业管理费，那么物业服务企业仍可以直接向业主主张支付物业管理费。二房东未按照租赁合同约定履行义务，业主可以另行主张二房东在租赁合同项下的违约责任。

实务建议

对于二房东欠付物业管理费的问题，作为业主方，应当在对物业管理区域内业主情况及所处物业管理阶段进行综合的分析，具体情况具体分析。物业管理区域内业主情况是指了解业主的数量，业主是不是唯一的产权方；所处物业管理阶段是指了解物业服务是处于前期物业服务阶段还是普通物业服务阶段。尤其对于通过拍卖、变卖或以物抵债等方式取得困境资产的新业主更是如此，只有对困境资产的物业管理情况具有较清晰的了解，才能更好地处理二房东此前欠付物业管理费的问题。

问题37 召开业主大会、成立业主委员会需要何种条件和程序?

在其他的题目项下，我们曾经讨论过受让方在拍卖、变卖或以物抵债后如果对现物业服务企业感到不满意，在受让方并非项目所在物业管理区域内唯一业主且物业管理区域内没有召开业主大会情况下，应如何推进解除物业服务企业的问题，其中就涉及召开业主大会、成立业主委员会。

法条链接

《业主大会和业主委员会指导规则》

第八条 物业管理区域内，已交付的专有部分面积超过建筑物总面积50%时，建设单位应当按照物业所在地的区、县房地产行政主管部门或者街道办事处、乡镇人民政府的要求，及时报送下列筹备首次业主大会会议所需的文件资料：

（一）物业管理区域证明；

（二）房屋及建筑物面积清册；

（三）业主名册；

（四）建筑规划总平面图；

（五）交付使用共用设施设备的证明；

（六）物业服务用房配置证明；

（七）其他有关的文件资料。

第九条 符合成立业主大会条件的，区、县房地产行政主管部门或者街道办事处、乡镇人民政府应当在收到业主提出筹备业主大会书面申请后60日内，负责组织、指导成立首次业主大会会议筹备组。

第十五条 筹备组应当自组成之日起90日内完成筹备工作，组织召开首次业主大会会议。

业主大会自首次业主大会会议表决通过管理规约、业主大会议事规则，并选举产生业主委员会之日起成立。

参考案例

陈某与某市住房和城乡建设局行政登记一审案①

原告陈某系某小区一期业主，某物业公司负责该小区的前期物业管理工作。2010年3月20日，该物业公司以自己的名义向被告所属的某市物业管理处出具报告，申请批准成立业主委员会。2010年3月21日，某市物业管理处作出批复，同意成立某小区业主委员会筹备工作小组。2012年11月23日，某市某小区一期业主委员会筹备工作小组（以下简称筹备组）名单确定，并先后制定了关于筹备成立某小区一期业主大会和业主委员会

① 江苏省兴化市人民法院（2015）泰兴行初字第0046号行政判决书。

的实施方案、第一届业主大会业主委员会选举办法、业主大会议事规则(征求意见稿)、业主公约（讨论稿）等。2012年11月27日，筹备组召开第一次会议，选举产生了某小区一期第一届业主大会业主代表26人。该业主代表大会讨论通过了业主大会议事规则、业主公约等文件，选举产生了本案第三人某小区业委会，并以票数的多少确定了该业委会的主任、副主任。2012年12月5日，业委会主任向被告所属的某市物业管理处申请对第三人某小区业委会进行备案。2012年12月10日，某市物业管理处加盖印章，同意备案，但未出具相关证明文件并予以公布。此后，陈某诉至法院，要求撤销某市住房和城乡建设局对第三人某小区业委会成立的备案。

法院在该案一审行政判决书中认为，某市住房和城乡建设局对违反《物业管理条例》等相关法律法规的规定选举产生的第三人某小区业委会给予备案，缺乏事实根据和法律依据。具体而言，本案中并未成立业主大会，而是由筹备组直接决定了业主代表大会的名额，未经业主大会决定或授权即选举业主代表行使业主大会的权利。第三人某小区业委会未经过业主大会的选举程序，不符合法律规定。

理论分析

业主大会是一个自治性组织。由于是自治性组织，并非一定要建立的，这也符合目前业主大会的实际情况。不论是住宅小区还是综合体项目，成立业主大会并选举产生业主委员会的比例并不是很高，很多仍处于前期物业服务阶段。前期物业服务阶段有其特征，即物业服务企业是建设单位聘请的，在建设单位已经销售项目大部分物业的情况下，物业服务企业和建设单位之间签订的前期物业服务合同虽然仍约束已购买项目物业的业主们，但实际上物业服务企业继续为项目提供物业服务已经缺乏业主们的基础性认同，此时，就需要召开业主大会并决定是否选聘新的物业服务企业。

召开业主大会的前提是已交付的专有部分面积超过建筑物总面积的50%。达到该交付比例就意味着真正接收物业的业主已经超过了专有部分面积的一半，应该由业主们决定为其提供服务的物业服务企业。

召开业主大会需要建设单位和物业所在地的区、县房地产行政主管部门或街道办事处、乡镇人民政府等主体的参与和配合。首先是建设单位，建设单位应报送筹备首次业主大会会议所需的文件，包括物业管理区域证明、房屋及建筑物面积清册、业主名册、建筑规划总平面图、交付使用共用设施设备的证明、物业服务用房配置证明及其他有关的文件资料。建设单位负责提交以上资料，实际上是履行其在出售物业后的附随义务，而且，此时从建设单位购买物业的业主之间并不熟悉，也缺乏组织，要求他们自行去提交成立业主大会的有关资料并不现实。

其次是区、县房地产行政主管部门或街道办事处、乡镇人民政府负责监督和指导，并负责组织、指导成立首次业主大会会议筹备组。首次业主大会会议筹备组由业主代表、建设单位代表、街道办事处、乡镇人民政府代表和居民委员会代表组成。人数为单数，其中业主代表不低于筹备组总人数的一半，由街道办事处、乡镇政府或居民委员会组织业主推荐；筹备组组长由街道办事处、乡镇政府代表担任。

筹备组应当自组成之日起90日内完成筹备工作，组织召开首次业主大会。筹备组的筹备工作包括：确认并公示业主身份、业主人数以及所拥有的专有部分面积；确定首次业主大会会议召开的时间、地点、形式和内容；草拟管理规约、业主大会议事规则；依法确定首次业主大会会议表决规则；制定业主委员会委员候选人产生办法，确定业主委员会委员候选人名单；制定业主委员会选举办法；完成召开首次业主大会会议的其他准备工作。

业主大会自首次业主大会会议表决通过管理规约、业主大会议事规则，并选举产生业主委员会之日起成立。业主大会可以参照股东会来理解，业主大会就相当于股东会，业主大会涉及众多业主，不能经常召开，于是选举产生业主委员会，业主委员会就相当于董事会。只有涉及业主的最重要的事项才需要召开业主大会，其他日常事项均由业主委员会代为行使权力。

但如前述参考案例，召开业主大会及成立业主委员会也应遵守相应程序，不得违反法律法规的规定。

实务建议

关于如何组织召开业主大会并选举产生业主委员会，《业主大会和业主委员会指导规则》是一个基础性的、适用于全国的指导规则，但具体项目仍要以项目所在地的具体要求为准。例如，《重庆市物业管理条例》对于首次召开业主大会的条件就有所区别，物业管理区域内已交付的专有部分面积达到该区域建筑物总面积的50%以上时，建设单位应公告，业主可召开首次业主大会，选举产生业主委员会。占物业管理区域内业主总人数20%以上的业主，可以向物业所在地街道办事处、乡（镇）人民政府书面申请召开首次业主大会会议。《重庆市物业管理条例》的规定与《业主大会和业主委员会指导规则》有所不同，建设单位负有的是公告通知业主可召开首次业主大会的义务，同时，业主有权直接向街道办事处、乡（镇）政府申请召开首次业主大会。

此外，召开业主大会也涉及很多具体的问题，比如，如何确定专用部分面积和建筑物总面积，如何确定业主人数和总人数，车位这种特定空间是否计入用于确定业主投票权数的专有部分面积及业主人数等。以车位为例，对于很多困境资产，其中占面积较大的可能就是车位。在拍卖、变卖或以物抵债后，受让人被变更登记为困境资产也包括车位的所有权人，如果是每个车位对应一个产证，受让人每持有一个产证，是否就意味着受让人在业主人数上就享有一个投票权？一般而言，车位的专用面积也应纳入计算受让人的专有部分面积，但受让人在业主人数上只能被认定为一个业主，而非多个业主。这都是非常现实的问题，牵涉到受让人的经营决策，但也往往容易被忽视，并且需要结合项目所在地的具体要求进一步论证和研判。

问题38 物业服务的包干制和酬金制有何异同？

物业服务企业提供物业服务并相应收取物业费的方式分为包干制和酬金制两种。尽管包干制和酬金制有明确的定义，但是就困境资产的物业费承担及相应权利义务的行使和承担而言，仍有必要进一步分析，以更好地维护受让方的合法权益。

法条链接

《物业服务收费管理办法》

第九条 业主与物业管理企业可以采取包干制或者酬金制等形式约定物业服务费用。

包干制是指由业主向物业管理企业支付固定物业服务费用，盈余或者亏损均由物业管理企业享有或者承担的物业服务计费方式。

酬金制是指在预收的物业服务资金中按约定比例或者约定数额提取酬金支付给物业管理企业，其余全部用于物业服务合同约定的支出，结余或者不足均由业主享有或者承担的物业服务计费方式。

第十一条 实行物业服务费用包干制的，物业服务费用的构成包括物业服务成本、法定税费和物业管理企业的利润。

实行物业服务费用酬金制的，预收的物业服务资金包括物业服务支出和物业管理企业的酬金。

物业服务成本或者物业服务支出构成一般包括以下部分：

1. 管理服务人员的工资、社会保险和按规定提取的福利费等；

2. 物业共用部位、共用设施设备的日常运行、维护费用；

3. 物业管理区域清洁卫生费用；

4. 物业管理区域绿化养护费用；

5. 物业管理区域秩序维护费用；

6. 办公费用；

7. 物业管理企业固定资产折旧；

8. 物业共用部位、共用设施设备及公众责任保险费用；

9. 经业主同意的其他费用。

物业共用部位、共用设施设备的大修、中修和更新、改造费用，应当通过专项维修资金予以列支，不得计入物业服务支出或者物业服务成本。

第十二条　实行物业服务费用酬金制的，预收的物业服务支出属于代管性质，为所交纳的业主所有，物业管理企业不得将其用于物业服务合同约定以外的支出。

物业管理企业应当向业主大会或者全体业主公布物业服务资金年度预决算并每年不少于一次公布物业服务资金的收支情况。

业主或者业主大会对公布的物业服务资金年度预决算和物业服务资金的收支情况提出质询时，物业管理企业应当及时答复。

第十三条　物业服务收费采取酬金制方式，物业管理企业或者业主大会可以按照物业服务合同约定聘请专业机构对物业服务资金年度预决算和物业服务资金的收支情况进行审计。

参考案例

某物业公司、雷某、姜某等业主知情权纠纷二审案[①]

两原告雷某、姜某系某小区的业主。被告某物业公司系该小区的物业公司。2022年3月27日，雷某第一次前往物业管理处要求公示相关资料，没得到有效答复。2022年3月27日，雷某第二次与物业管家通过微信要求公示法定公示资料，管家未进行有效回复。2022年4月1日，雷某第三次通过小区物业微信沟通群联系物业主管，均未得到回复。雷某认为某物业公司违反法律规定，针对小区公共收益及其他法律规定应当向业主公示的相关资料从未进行公示，并在业主询问后拒不答复，严重侵害了小区业主的知情权，遂诉至法院。

广东省惠州市中级人民法院认为，雷某、姜某为案涉小区的业主，对其所在小区的公共事务和物业管理的相关事项享有知情权利，可以请求物业公司公开、查阅，某物业公司掌握的情况及资料亦依法应当向业主公开。根据《民法典》第九百四十三条的规定，物业服务人应当定期将服务的事项、负责人员、质量要求、收费项目、收费标准、履行情况，以及维修资金使用情况、业主共有部分的经营与收益情况等以合理方式向业主公开并向业主大会、业主委员会报告。《最高人民法院关于审理建筑物区分所有权纠纷案件适用法律若干问题的解释》第十三条第三项规定，业主请求公布、查阅物业服务合同、共有部分的使用和收益情况等应当向业主公开的情况和资料的，人民法院应予支持。一审法院判令某物业公司向雷某、姜某提供的相应材料，符合上述法律规定的规定。据查，案涉小区前期物业服务合同对于公摊水电费、电梯费按照酬金制计算，同时前期物业服务合同约定物业公司按照

① 广东省惠州市中级人民法院（2023）粤13民终832号民事判决书。

公共收益总额具体25%的管理佣金，可以确认，前期物业服务合同并非全包干制，应当公示包括物业服务费用在内的相关资料，以便业主区别。故，某物业公司主张前期物业服务约定收费方式为包干制，按照有关规定无须公示相关资料，与事实不符，缺乏事实依据，不予支持。最后，现有证据无法表明某物业公司已将相应信息公示，且庭审中亦表示相关的资料有保存归档，即便雷某、姜某已知情亦不影响业主们再次查询，因此，一审法院判令某物业公司向被雷某、姜某提供相应资料以供业主查询，处理并无不妥，予以维持。

理论分析

原则上，包干制和酬金制可以适用于任何类型的项目。但从实践看，包干制主要适用于住宅类项目，酬金制则主要适用于商业、办公类项目，当然一些高端公寓或者住宅类项目也存在适用酬金制的情形。包干制和酬金制之间存在如下的区别。

第一，包干制物业服务费和酬金制物业服务费的构成不同。

包干制物业服务费是固定收费，其构成包括物业服务成本、法定税费和物业管理企业利润。物业服务企业从业主处收取包干制物业服务费以后，业主就不需要再向物业服务企业支付其他的物业服务费。物业服务企业应当按照物业服务标准向业主提供相应的物业服务，承担其提供物业服务所产生的各项成本支出，包括人员成本、物料成本、税费等。在扣除各项成本支出后，如果物业服务费还有剩余的，就是物业服务企业的利润；但如果收取的包干制物业服务费不足以涵盖各项成本支出的，那么，物业服务企业就没有利润，甚至产生亏损，亏损由物业服务企业承担。

酬金制物业服务费是预收的，其构成包括物业服务支出和物业管理企业的酬金。物业服务企业从业主处收取酬金制物业服务费后，其中的固定比例已经属于物业服务企业的利润，剩余部分则用于物业服务的各项支出，包括人员成本、物料成本、税费等。如果剩余部分足以涵盖物业服务的各项支出，剩余部分扣除各项支出后的余额应当返还给业主；如果剩余部分不足以涵盖物业服务的各项支出，业主还应当继续缴付物业服务费。

第二，包干制物业服务费和酬金制物业服务费的性质不同。

物业服务企业收取的包干制物业服务费由物业服务企业所有，是否足以涵盖成本支出都由物业服务企业承担，与业主无关。而物业服务企业收取的酬金制物业服务费中除了物业服务企业按照固定比例提取的酬金以外，仅属于代管性质，其所有权归属于业主，物业服务企业仅代为保管并用于提供物业服务之用。

第三，包干制物业服务费和酬金制物业服务费项下的业主权利和物业服务企业积极性不同。

由于酬金制物业服务费仅是预收，业主仍然可能需要继续支付物业服务费，故业主对于物业服务费中各项用于成本支出的部分更为重视。一方面，物业服务企业应当公布物业服务资金年度预决算及物业服务资金的收支情况。这是服务企业的应尽义务。另一方面，业主或业主委员会也有权对物业服务资金年度预决算和物业服务资金的收支情况提出质询，要求物业服务及时答复，并可以按物业服务合同约定聘请专业机构对物业服务资金年度预决算和收支情况进行审计。相应地，物业服务企业在对待业主时也往往积极性更高，毕竟业主更看重其支付的物业服务费是否落到实处，物业服务企业要对业主预交的物业服务费负责。

相较之下，由于包干制物业服务费是一次性固定收取的，业主或业主大会固然要求物业服务企业应当履行物业服务合同约定的物业服务标准，但因为不存在额外再向物业服务企业支付的情形，只要物业服务不存在明显不符合物业服务合同约定的情况，业主或业主委员会便不会对物业服务资金的使用情况进行干涉。包干制下，物业服务企业也往往尽量缩减其开支，以争取更高的利润水平。但这与业主或业主大会维持或提升物业管理水平的要求构成一定程度的矛盾。

正因为存在以上的区别，商业、办公或高端公寓、住宅的业主对物业品质要求更高，往往采用酬金制，监督物业服务履责，以取得优质物业服务；而一般的住宅项目则往往采用包干制，争取物业费缴纳和物业服务品质之间的平衡。

实务建议

对于困境资产，尤其是通过拍卖、变卖或以物抵债等方式被处置后的困境资产，其受让人在面对包干制或者酬金制的物业服务时，会有不同的心态。如果是包干制，只要物业服务企业的服务能够符合物业服务合同，且收费合理，受让人基本是可以接受的，至于受让人是否要促成更换物业服务企业则另作他论。如果是酬金制，那么受让人作为业主就和物业服务企业之间存在一定的利益博弈，尤其是当受让人所持产权面积较大时更是如此。此时，建议受让人积极和物业服务企业沟通协商，监督物业服务企业对预收的物业服务费的使用，维护自身的合法权益。

此外，如上述参考案例所示，某些物业服务合同对于包干制或酬金制的约定可能并不准确，甚至存在包干制和酬金制混合使用的情况。因此，对于物业服务合同究竟是包干制还是酬金制，并不能仅依据合同双方在合同中的勾选确定，而是应当根据合同中具体的约定而定。

问题39 大物业和小物业有何区别?

大物业、小物业是人们约定俗成的说法，并没有法律法规文件对其进行过明确的定义。大物业，可以简单理解为针对整个物业管理区域提供物业服务的物业公司，其服务范围包括物业管理区域的所有公共区域；小物业，可以简单理解为针对整个物业管理区域内大物业提供的部分工作范围或某些专用面积提供物业服务的物业公司。二者虽然未在《民法典》及《物业管理条例》中作区分和界定，但在实践中却有其实际的意义，故本节将对其区别进行介绍和分析。

法条链接

《民法典》

第九百三十七条 物业服务合同是物业服务人在物业服务区域内，为业主提供建筑物及其附属设施的维修养护、环境卫生和相关秩序的管理维护等物业服务，业主支付物业费的合同。

物业服务人包括物业服务企业和其他管理人。

第九百四十四条 业主应当按照约定向物业服务人支付物业费。物业服务人已经按照约定和有关规定提供服务的，业主不得以未接受或者无需接受相关物业服务为由拒绝支付物业费。

业主违反约定逾期不支付物业费的，物业服务人可以催告其在合理期限内支付；合理期限届满仍不支付的，物业服务人可以提起诉讼或者申请仲裁。

物业服务人不得采取停止供电、供水、供热、供燃气等方式催交物业费。

参考案例

某运输公司与某物业公司等排除妨害纠纷一审案[①]

法院认为，所有权人对自己的不动产依法享有占有、使用、收益和处

① 上海市虹口区人民法院（2020）沪0109民初18429号民事裁定书。

分的权利。某运输公司通过司法拍卖的方式取得某房屋的房地产权证，其作为房屋的所有权人有权占有、使用、处分上述房屋。某物业公司依据其与满某公司签订的《物业管理服务合同》而对该房屋进行物业管理，但其进行物业管理的相关措施不应妨害房屋权利人正常占有、使用、处分房屋，现某物业公司在该房屋的客梯、货梯上安装电梯梯控，对地上2层进出正门上挂以锁链，某物业公司虽辩称上述措施系基于整栋楼的安全而设，然上述措施显然对某运输公司正常占有、使用房屋构成妨害，满某公司与某物业公司应予排除。关于某运输公司另主张的停止限制其使用地下1层中控室、强电高配间、水表总阀、地上1层至地上2层电动扶梯的行为，现某运输公司并未提供确实充分的证据，本院难以采信，不予支持。关于某运输公司主张的装修损失、租金损失、物业费损失，某运输公司并未提供确实充分的证据证实相应损失的存在及具体金额，本院不予支持。根据《上海某中心物业管理服务合同》，仲某公司系所在园区的大物业公司，其管理区域不包含写字楼内部空间，某运输公司要求其承担责任缺乏依据，本院不予支持。

在上述判决中，虽然法院并未对案涉项目的大物业和小物业作出区分，但事实上认可了仲某公司是所在园区的大物业公司，其管理区域不包含写字楼内部空间；而某物业公司则是小物业公司。

理论分析

《物业管理条例》规定，一个物业管理区域内只能有一个物业服务企业。其目的是，一个物业管理区域虽然可能存在多个部分的专用面积，但往往共同使用、分享、共用设施设备，如供冷、供热等设施，一个物业服务企业可以整体提供物业服务，避免多个物业服务企业可能因管理界面划分不清等导致物业管理混乱等。同时，相关规定也并不限制物业服务企业将其所管理的部分区域及部分专有面积由其他物业服务企业提供物业管理服务。

对于大小物业的出现，主要是实践催生的结果。以与上述案例中类似的产业园区为例，产业园区内往往包括多个楼栋，整个产业园区有统一的物业服务企业即大物业，但在其中个别楼栋出售的情况下，出售楼栋的产权发生变更。对于这些楼栋的买受人而言，其目的或是自用，或是对外出租，该等买受人往往有意愿自己聘请物业服务企业对自己的专有面积及专有面积周边的公共区域进行管理，提升楼栋的物业品质，间接也提升楼栋的价值或租金水平。其中，买受人有当然的权利针对其专有面积聘任物业服务企业即小物业，但对于周边的公共区域则并非如此。周边的公共区域可以包括楼栋周围的绿地、该楼栋和相邻楼栋的连接处等，这些公共区域属于大物业的管理范围。因此，楼栋买受人在购买谈判过程中，往往会和开发商沟通由开发商协调处理大小物业问题，并最终由楼栋买受人与大物业签订物业服务协议的补充协议，重点约定大小物业的管理界面，并重新约定买受人应向大物业支付的物业费标准。需要特别说明的是，即便买受人聘请了小物业，仍然需要向大物业支付物业费用，因为大物业仍针对整个园区的公共区域提供物业服务，而买受人对这些公共区域与其他业主是共有的，只是因为小物业管理部分公共区域，所以可以和大物业沟通在物业费上作一定程度的折让，但这取决于买受人和大物业的沟通协商。

实务建议

对于困境资产，大小物业问题是在困境资产的运营管理方面经常遇到的棘手问题之一。说起棘手，是因为其本身的物业管理情况往往比较复杂，尤其是对于那些经过拍卖、变卖或以物抵债等方式取得所有权的新业主（如一些金融机构）更是如此。如何与大物业协调沟通，既涉及商务层面的考量，也包括从法律方面的论证，综合看能否促成大小物业安排的落地，以利于项目品质的改善和价值提升。以下从几种情形做简要的分析：

困境资产为物业管理区域内唯一业主，这种情况下不存在大小物业的问题，新业主可以直接解除原物业服务企业而聘任新物业服务企业。

困境资产为物业管理区域内业主之一，且物业管理区域处于前期物业服务阶段，此时尚未召开业主大会亦未成立业主委员会，新业主可联合其他业主召开业主大会、成立业主委员会，以更换建设单位聘请的大物业，或者以此为交换条件与大物业沟通协调大小物业事宜。

困境资产为物业管理区域内业主之一，且物业管理区域处于普通物业服务阶段，此时已召开业主大会并成立业主委员会，新业主可视其能否满足单方决策更换物业服务企业而考虑是否单方更换。若不满足，则可进一步考虑与其他业主联合起来更换物业服务企业，或以此为交换条件与大物业沟通协调大小物业事宜。

总之，大小物业事宜发源于实践，也在实践中不断发展和解决。只要在合法合规前提下，其模式或者解决方式可以多种多样，需要结合困境资产的具体情况具体分析、论证，以求达成最佳可行方案。

问题40　代建单位是否需要资质？

近年来，很多房地产开发企业均开始开拓代建业务，由于这些房地产开发企业本身就具备地产开发建设方面的丰富经验，并具备充足的人员储备，所以目前较为知名的代建单位均属于开发商系代建主体。很多规模较小的开发商虽然持有较好的土地资源，但却缺乏相应的开发能力；这恰恰和一些规模较大的开发商形成了某种契合，即小开发商有资源但缺乏能力，大开发商有能力但苦于寻找资源，于是二者一拍即合，小开发商提供土地资源，而大开发商提供建设管理和品牌，双方均各取所需。这种代建一般称为商业代建。

除开发商系代建单位外，市场上也有一些投资机构，尤其是具备较强项目开发建设和管理能力的投资机构，也在地产市场下行、地产项目频频“暴雷”的大背景下开始与金融机构开展合作，接受金融机构委托为其融资陷入僵局的项目提供代建服务。这种代建一般称为资本代建。

但不论哪一种类型的代建单位，在提供代建服务的过程中，代建单位品牌都至关重要。没有品牌的加持，即便过程管理再优秀，也未必在最终的销售层面取得亮眼的成绩。在代建业务中，“以终为始”更加突出，相应地，怎么认定品牌呢？很重要的衡量因素就是代建单位是否具有相应的资质及资质的多少。进而引发实务中常见的问题，即代建单位是否需要具备资质？

法条链接

《建设工程项目管理试行办法》

第二条 凡在中华人民共和国境内从事工程项目管理活动，应当遵守本办法。

本办法所称建设工程项目管理，是指从事工程项目管理的企业（以下简称项目管理企业），受工程项目业主方委托，对工程建设全过程或分阶段进行专业化管理和服务活动。

第三条 项目管理企业应当具有工程勘察、设计、施工、监理、造价咨询、招标代理等一项或多项资质。

工程勘察、设计、施工、监理、造价咨询、招标代理等企业可以在本企业资质以外申请其他资质。企业申请资质时，其原有工程业绩、技术人员、管理人员、注册资金和办公场所等资质条件可合并考核。

参考案例

某科学院与某实业公司委托代建合同纠纷二审案[①]

陕西省高级人民法院在该案二审民事判决书中认为，该案的焦点问题之一是案涉《委托协议书》系委托代建合同且合法有效是否正确。委托代建合同是当事人依照有关法律和建设项目管理办法，委托人将其建设项目委托给代建人实施代建管理，按照平等自愿和诚实原则，就代建管理项目协商一致后订立的合同。代建范围包括前期工作和建设实施两个方面。某实业公司负责对代建项目进行投资管理和实施建设，项目建成后交付某科学院。从某实业公司与某科学院的关系看，某实业公司的权利基础虽是基于某科学院的委托，但有关规定是将委托代建合同纠纷归类于房地产开发经营合同纠纷项下，而房地产开发经营纠纷和委托合同纠纷是并列两个案由，因此，通常的委托合同与委托代建合同是两种不同类别的合同。两者的主要区别在于，委托合同受托人在委托授权范围内所实施的法律行为后果，依法应由委托人承担，第三人可以直接向委托人直接主张权利；而在委托代建合同中，虽然代建人所代建的工程项目最终要交付给某科学院，但代建人因行使委托管理事务与第三人发生纠纷，第三人通常只能向代建人主张权利。本案中，虽然某科学院与某实业公司所签订的协议的名称为“委托协议书”，但无论是从该协议约定：“甲乙双方依据国家有关法律、法规，经友好协商，就甲方委托乙方代建住宅楼达成以下协议”，还是从对双方各自权利义务的约定内容看，均符合委托代建合同的特征，而非一般性的委托合同，况且某科学院在其后的多份往来函件中也认可某实业公司代建方的身份。因此，一审法院认定双方所签订《委托协议书》的性质

---

① 陕西省高级人民法院（2017）陕民终7号民事判决书。

为委托代建合同正确，某科学院认为案涉《委托协议书》是委托合同，并非委托代建合同的理由不能成立。又因《委托协议书》系双方经协商一致达成，是双方真实意思表示，其内容并不违反法律、行政法规的强制性规定，该协议应为合法有效。至于《委托协议书》中关于勘察、设计、施工的部分约定是否有效的问题，一是从《委托协议书》的约定看，某实业公司作为某科学院的代建人，进行某科学院职工住宅楼项目报建，在建房过程中履行相关工程项目管理职责，而不是由某实业公司直接进行工程勘察、设计、施工。因此，依据委托协议约定某实业公司无须拥有工程勘察、设计、施工等资质。二是因委托代建合同应归属于房地产开发合同类别中，在法律、行政法规针对委托代建合同未有明确规定的情况下，委托代建合同的受托人是否具有建设工程项目的代建人资格，应以其是否具有房地产经营资格为标准来审定。本案中，某实业公司不但在2000年9月19日就取得了包含房地产开发的企业营业执照，而且该公司在双方签订《委托协议书》之前即于2009年5月15日已取得房地产开发企业资质证书。因此，某实业公司在签订委托协议时，是依法具备房地产开发经营的企业，其作为建设工程项目的代建人是符合法律规定的。根据以上两点，某科学院认为某实业公司不具备工程勘察、设计、施工的任何一项资质，采取隐瞒真相的方式，用房地产开发资质冒充工程建设资质，不具有建设职工住宅楼的专业能力等理由，不能成立。

理论分析

对于代建单位是否需要具备相应资质的问题，一般而言，有如下两种观点：

第一种观点认为代建单位需要具备一定资质，虽然代建单位并非项目业主，但是由于其提供项目的开发建设管理活动，即代建服务的内容与项目管理类似，应具备项目管理企业的资质。根据《建设工程项目管理试行办法》第三条的规定，项目管理企业应具有工程勘察、设计、施工、监理、造价咨询、招标代理等一项或多项资质。

第二种观点认为区分代建项目的性质，对代建单位的资质有不同的要求。对于政府投资代建项目，代建单位应具有资质要求；对于非政府投资代建项目，代建单位没有资质要求。

代建制肇始于2004年的《国务院关于投资体制改革的决定》，该决定规定，对非经营性政府投资项目加快推行“代建制”，即通过招标等方式，选择专业化的项目管理单位负责建设实施，严格控制项目投资、质量和工期，竣工验收后移交给使用单位。基于此，各地均制定了政府投资项目的管理办法或相关文件。以《湖南省政府投资项目代建制管理办法》为例，该办法规定代建单位应具备下列条件：（1）具有独立法人资格；（2）具有工程咨询甲级、工程设计甲级、工程监理甲级、施工总承包壹级、房地产开发壹级中的一项或者多项资质（资信）；（3）具有与代建管理相适应的组织机构和项目负责人。对于政府投资项目，其代建单位选择具有两个方面的特殊性：一是需通过招投标方式；二是为确保代建单位专业性，应具备相应的资质。这两个方面也是保障政府投资项目这种国家投资和国家资金安全的必然要求。

但除《国务院关于投资体制改革的决定》及各地关于政府投资项目的相关规定外，对于一般的商业代建项目或者资本代建项目，并没有明确的法律法规对代建代为的资质进行规定。此外，实践中，很多代建项目中的代建单位也并没有勘察、设计、施工等方面的资质。在前述参考案例中，某实业公司同样不具备上述工程专业方面的资质。

为此，有必要明确委托代建的如下基本特征：

首先，委托代建合同并非委托合同。委托合同是《民法典》中明确规定和列明的有名合同之一。所谓委托合同，是指委托人和受托人约定，由受托人处理委托人事务的合同。受托人在委托人的授权范围内执行委托事务，并由委托人承担责任。且根据《民法典》规定，委托人和受托人均享有随时解除合同的权利。虽然委托代建合同也有“委托”二字，但委托代建合同却并非委托合同，而是属于《民法典》中的无名合同。之所以有如此定性，原因包括：第一，如前文所述，委托代建这一模式产生的原因是政府投资项目中政府作为建设单位缺乏工程建设方面的专业经验，以及实现项目专业管理和风险隔离的要求，因此，作为委托人的建设单位和受托人的代建单位地位相对独立，作为委托人的建设单位不必然为作为受托人的代建单位承担责任。第二，根据《民事案件案由规定》，委托代建合同纠纷和委托合同纠纷属于不同的案由。委托代建合同纠纷隶属于房地产开发经营合同纠纷，为三级案由；委托合同纠纷则是和房地产开发经营合同纠纷并列的二级案由。

其次，委托人是建设单位，并作为项目开发建设手续及相关合同的签署主体。虽然目前委托代建项目的具体操作模式有多种，但不能否认的是，委托人均为项目的建设单位，即持有土地使用权和享有项目开发建设权益的主体。基于此，项目开发建设过程中需要向政府相关主管部门办理的各类手续、证照，以及与施工、勘察、设计、监理、造价咨询等单位签订的项目相关合同也都应以委托人名义办理和签订。代建单位提供代建服务，包括受委托人委托代为办理项目开发建设过程中的相关手续或签订相关合同，但代建单位并非项目主体，而仅提供代建服务，各项手续及合同仍然要以委托人的名义办理后签署。也就是说，项目的立项审批备案、不动产权证书、建设用地规划许可证、建设工程规划许可证、建筑工程施工许可证中记载的建设单位、使用权人及所有权人为代建项目的委托人，项目总包合同、勘察合同、设计合同、监理合同的签署主体亦都是代建项目的委托人。整个代建服务过程中，受托人是以服务方的身份出现，利用自身经验进行整体统筹，代为办理各项具体事务。

此外，委托代建与项目总承包和项目管理也存在区别。第一，性质不同。从委托代建纠纷的案由可知，委托代建属于房地产开发经营行为；项目总承包属于工程建设行为，是建设单位委托总承包人提供总承包服务的行为；而项目管理则属于咨询服务行为，和造价咨询、监理等属于同一性质。第二，资质要求不同。非政府投资项目对于代建单位没有资质要求。但是，无论在任何情形下，项目总承包人均应当具有和工程规模相适应的工程设计资质或施工资质，项目管理单位则应当具有工程勘察、设计、施工、监理、造价咨询、招标代理等一项或多项资质。第三，操作模式不同。委托代建项目中，委托人委托代建单位提供代建服务，但仍由委托人与施工、勘察、设计等单位签订项目相关合同，代建单位仅受托以委托人名义办理相关事宜；项目总承包中，建设单位与总承包人签订总包合同，继而由总承包人以自身名义再进行分包并签订相关分包合同；项目管理中，建设单位与项目相关单位具体签订合同，项目管理单位仅与建设单位签订项目管理合同并提供管理咨询服务，对施工单位、勘察设计单位等进行管理。

综上，对于政府投资项目，代建单位应当具备当地或者招标文件所要求的必要资质和条件，这是政府投资项目特性所决定的。但对于非政府投资项目的委托代建，目前并没有明确针对代建单位的资质要求，委托人可以根据实际需要选择适合的代建单位进行合作。

实务建议

实践中，常见的情况是，代建单位多为具有丰富的房地产开发经验的房地产开发公司，但也有一些非政府投资的代建项目，受托人不是具备房地产开发企业资质的房地产开发公司，而是与房地产开发建设领域无关的企业，如咨询公司等。而对于代建单位的选择和确定，对于非政府投资项目也无特别要求。具体可视委托人的需求而定，既可以通过招投标程序选择，也可以自由选择，直接签署委托代建合同。不过，由于代建单位所提供的委托代建服务的特殊性，仍建议代建单位的经营范围中包括提供代建服务，并相应取得必要的房地产开发资质等，以有利于代建单位拓展业务所需。对于很多在开发建设阶段陷入困境的困境资产，尤其是在金融机构在原项目公司或其实控人“暴雷”而被迫成为困境资产的所有权人后，面对烂尾楼或者根据还处于未建状态的地块，金融机构往往要求代建方或其关联方应具备房地产开发资质，证明其具备相应的专业能力和专业人才储备。对于从事这一方面业务的代建专业机构，尤其是非开发商系的代建专业机构，应当提前申请相应房地产开发资质，并在营业范围中增加代建服务相关内容。

后　记

在开始策划和撰写本书前，笔者在课堂上、与朋友交谈中和从新闻中已关注到本书所涉及的相关问题，在对这些问题进行分析研判后，形成了本书的基本问题点和针对每个问题的写作思路，遂最终成书。

笔者的朋友、同学、学生中很多是法律实务人士，包括仲裁员、律师、法务等。在撰写本书的过程中，曾就相关问题与他们进行深入探讨，有以下两个方面的感受。首先，本书对于相关领域从业人员确实具有指引作用，实践中也缺乏此类实操性很强的书籍。其次，面对现实中存在的迫切需求，面对社会上的鲜活案例，究竟该如何庖丁解牛般在合法合规框架内进行有效应对和解决，值得每个法律人深入研究与思考。

本书的撰写有非常多需要感谢的人。首先，应当感谢外交学院对本书出版提供的资助。其次，应当感谢中国法治出版社的本书的编辑及其他参与本书审校、出版的老师们。最后，应当感谢家人，他们的鼓励和支持，才是一切努力的动力。没有他们，便不会有本书的最终问世。如今，本书得以问世，也是献给他们和自己的一份礼物。

杨　赟

2025 年 8 月

图书在版编目（CIP）数据

困境资产交易及运营管理法律实务问答 / 杨赟，张涛著. -- 北京 ：中国法治出版社，2025. 8. -- ISBN 978-7-5216-5278-9

Ⅰ. D922.205

中国国家版本馆 CIP 数据核字第 2025HF3861 号

责任编辑：李佳欣　　　　封面设计：杨泽江

困境资产交易及运营管理法律实务问答

KUNJING ZICHAN JIAOYI JI YUNYING GUANLI FALÜ SHIWU WENDA

著者/杨赟　张涛

经销/新华书店

印刷/三河市国英印务有限公司

开本/710 毫米×1000 毫米　16 开　　　　印张/ 15.5　字数/ 188 千

版次/2025 年 8 月第 1 版　　　　2025 年 8 月第 1 次印刷

中国法治出版社出版

书号 ISBN 978-7-5216-5278-9　　　　定价：86.00 元

北京市西城区西便门西里甲 16 号西便门办公区

邮政编码：100053　　　　传真：010-63141600

网址：http：//www.zgfzs.com　　　　**编辑部电话：010-63141821**

市场营销部电话：010-63141612　　　　**印务部电话：010-63141606**

（如有印装质量问题，请与本社印务部联系。）